日本語教育のためのプログラム評価

シリーズ 言語学と言語教育

第6巻 ポライトネスと英語教育−言語使用における対人関係の機能
堀素子，津田早苗，大塚容子，村田泰美，重光由加，大谷麻美，村田和代著

第7巻 引用表現の習得研究−記号論的アプローチと機能的統語論に基づいて
杉浦まそみ子著

第8巻 母語を活用した内容重視の教科学習支援方法の構築に向けて
清田淳子著

第9巻 日本人と外国人のビジネス・コミュニケーションに関する実証研究
近藤彩著

第10巻 大学における日本語教育の構築と展開−大坪一夫教授古稀記念論文集
藤原雅憲，堀恵子，西村よしみ，才田いずみ，内山潤編

第11巻 コミュニケーション能力育成再考
−ヘンリー・ウィドウソンと日本の応用言語学・言語教育
村田久美子，原田哲男編著

第12巻 異文化間コミュニケーションからみた韓国高等学校の日本語教育
金賢信著

第13巻 日本語eラーニング教材設計モデルの基礎的研究
加藤由香里著

第14巻 第二言語としての日本語教室における「ピア内省」活動の研究
金孝卿著

第15巻 非母語話者日本語教師再教育における聴解指導に関する実証的研究
横山紀子著

第16巻 認知言語学から見た日本語格助詞の意味構造と習得
−日本語教育に生かすために 森山新著

第17巻 第二言語の音韻習得と音声言語理解に関与する言語的・社会的要因
山本富美子著

第18巻 日本語学習者の「から」にみる伝達能力の発達 木山三佳著

第19巻 日本語教育学研究への展望−柏崎雅世教授退職記念論集
藤森弘子，花薗悟，楠本徹也，宮城徹，鈴木智美編

第20巻 日本語教育からの音声研究 土岐哲著

第21巻 海外短期英語研修と第2言語習得 吉村紀子，中山峰治著

第22巻 児童の英語音声知覚メカニズム−L2学習過程において 西尾由里著

第23巻 学習者オートノミー−日本語教育と外国語教育の未来のために
青木直子，中田賀之編

第24巻 日本語教育のためのプログラム評価 札野寛子著

シリーズ 言語学と言語教育 24

日本語教育のための
プログラム評価

札野寬子 著

ひつじ書房

刊行に際して

　本書は、筆者が2005年7月に名古屋大学大学院国際言語文化研究科に提出した博士論文「日本語教育プログラム評価に関する研究」を一部加筆修正したものです。この論文では、筆者が責任者を務める夏季集中プログラムを対象に行った評価の事例を取り上げました。論文提出当時の日本国内では、日本語教育のみならずさまざまな分野でプログラム評価の必要性が認識され、大学評価や自治体評価などが少しずつ始まってはいました。しかし、実際の評価事例を報告し、その内容を振り返るような文献はほとんどありませんでした。またそれ以降も、少なくとも日本語教育あるいはその関連分野では見当たりません。さらに評価をどのように実践すべきかについて、参考とすべき書もまだ多くは出版されていないようです。このような状況を踏まえて、この論文を公刊することにより、プログラム評価への理解がより一層深まり、その実践が拡がる一助となればとの思いから出版することを決めました。また一介の日本語教師が行った評価ですから、評価を専門とされる方々がご覧になれば不備な点も多々あるでしょう。そこを敢えて公にすることにより忌憚のないご批評をいただきたいとの思いもあります。そうすることがまた、日本語教育分野での評価の質を高めることにもつながると信じます。

　さらに、プログラム評価のノウハウは日本語教育に特化しているわけではありません。本書の3章では、日本語以外の外国語教育の分野で歴代実践された事例を振り返っています。したがって、本書は外国語教育一般の関係者の方々のお役にも立てるはずです。あるいは取り立てて外国語教育だけでなく、社会に多々あるさまざまなプログラムに関わっていらっしゃる方々にもプログラム評価をご理解いただくための一助になると思います。

なお、論文提出から出版に至るまでの間に、論文の内容に関連して状況の変化がありました。そのため、オリジナル論文の内容の一部を修正することにしました。主な修正点は以下の2点です。

ひとつは、評価を進めるための作業順序について、先行研究の情報を統合して提案した「12ステップ」の順序を一部入れ替えて「新12ステップ」にしたことです。詳細は本書の2章で説明しますが、論文提出後再度検討を重ねていくうちに、やはり用いる評価尺度や基準の選定は実際の質問作成より優先されるべきとの思いが強くなりました。実際にはステップ間を行きつ戻りつしながら作業を進めるものではありますが、順序を入れ替えた方がより合理的と考えました。

もうひとつの修正は、評価そのものを振り返るメタ評価のための基準に関してです。評価が適切に行われたかを検証するために、プログラム評価の分野では、米国およびカナダの評価関連16団体の The Joint Committee on Standards for Educational Evaluation が共同で策定した「プログラム評価基準 (Program Evaluation Standards)」の利用が提唱されています。オリジナルの論文では、その第2版をもとに検討を行いました。しかしその後、その内容が2010年に大幅に改訂され、現在では第3版がWeb上で公開されています。

そこで本書では、事例研究部分ではオリジナルの第2版のままを掲載しました。しかし、今後の読者諸氏の利便を考えて、付録にあった和訳付の第2版リストは新たに翻訳しなおして第3版に差し替え、巻末の付録としました。余談ですが、2つの版を掲載したことで、第2版にあった米国社会・文化偏重の問題が改善されて、第3版ではより中立的になったことがかえって明白になりました。この違いにも目を留めてみてください。

なおオリジナルでは、5章の評価事例データも付録として添付してありました。これらの資料は、アンケート用紙やデータ分析資料などでかなりの分量があります。また一部資料は公開には向かないものもあります。そこで今回は、この事例の概要をご理解いただくために必要と思われるものの一部を、巻末資料として掲載しました。その他のもので公開可能なものについては、筆者宛の電子メールにてお問い合わせいただければ、個別に対応いたし

ます。資料リスト（pp.182–183）をご覧下さい。

　本書の刊行にあたり、多くの方々に支えていただきました。この場を借りて感謝の意を表します。

　オリジナルの論文執筆にあたっては、尾崎明人先生（現名古屋外国語大学教授）と大曾美恵子先生（現姫路独協大学教授）に忍耐強くご指導いただきました。また小坂光一先生（現名古屋大学名誉教授）、杉村泰先生（現名古屋大学副教授）にも丁寧に原稿をお読みいただき示唆に富むご指摘を頂戴しました。

　そして、JCSEE Chair の Dr. Donald B. Yarbrough は、英文「プログラム評価基準」第 3 版の本書への転載をご快諾くださいました。

　ハワイ大学マノア校で外国語教育プログラム一般の評価について研究および実践をされている渡邊有樹子さんには、上述の「評価基準」第 3 版の翻訳をはじめ専門的立場からご助言をいただきました。また言語プログラム研究会のみなさんには、読書会やディスカッション、ワークショップ、また日本語教育学会でのパネルセッションなどを通して、プログラム評価のみならず日本語教育分野での諸問題に関して多くのことをご教示いただきました。みなさまのお力添え、ありがとうございました。

　それから、本書の出版に快く応じてくださったひつじ書房編集長の松本功さんにも心より感謝します。松本さんは、出版者としてのお立場から、今後の日本語教育界でのプログラム評価の重要性を見識高くご理解くださいました。

　このように、良き人々に支えられて本書を刊行できることをとても幸せに思います。

2011 年春　札野　寛子

目次

刊行に際して　　v

1章　はじめに　　1
1.1　日本語教育におけるプログラム評価の必要性　　1
1.2　本書の目的と概要　　2

2章　プログラム評価とは何か　　5
2.1　プログラム評価の定義　　5
2.2　歴史的側面から見たプログラム評価（1）―歴史的発展経緯―　　6
2.3　歴史的側面から見たプログラム評価（2）―代表的な評価アプローチ―　　10
　　2.3.1　「目標指向アプローチ」vs「過程指向アプローチ」　　11
　　2.3.2　「マネージメント指向アプローチ」vs「消費者指向アプローチ」　　15
　　2.3.3　「専門家指向アプローチ」vs「対審指向アプローチ」　　19
2.4　実践的側面から見たプログラム評価（1）―評価の構成要素―　　21
　　2.4.1　評価の目的　　22
　　2.4.2　実施時期　　25
　　2.4.3　利害関係者　　26
　　2.4.4　評価担当者と報告先　　26
　　2.4.5　評価対象　　28
　　2.4.6　評価目標、評価課題、下位の質問　　30
　　2.4.7　評価方法とデザイン　　34
　　2.4.8　評価手法とツール　　36

	2.4.9　データの特性（種類、量的データ／質的データ）	37
	2.4.10　トライアンギュレーション	40
	2.4.11　評価尺度と基準	40
	2.4.12　メタ評価	42
	2.4.13　評価の型式	44
2.5	実践的側面から見たプログラム評価（2）―評価の実施手順―	48
	2.5.1　評価計画・準備の段階：新12ステップ	48
	2.5.2　データ収集の段階	51
	2.5.3　データ分析の段階	51
	2.5.4　報告書作成の段階	51
	2.5.5　メタ評価の段階	52

3章　外国語教育におけるプログラム評価の動向　55

3.1	1960–80年代前半の外国語教育プログラム評価の実状	56
3.2	1980年代後半以降の動向	58
3.3	外国語教育プログラムでの評価例	59
	3.3.1　Alderson & Scott（1992）の評価例	60
	3.3.2　Lynch（1992）の評価例	65
3.4	現代の外国語教育プログラム評価の特徴	72

4章　日本語教育でのプログラム評価像　75

4.1	日本語教育プログラムの評価担当者	75
4.2	日本語教育プログラムを取り巻く利害関係者	77
4.3	日本語教育プログラムでの典型的な評価目標と評価課題	78
4.4	日本語教育プログラムの評価の方法	82

5章　日本語教育でのプログラム評価事例研究　87

5.1	日本語教育現場でのプログラム評価事例概要	87
5.2	KIT-IJST 2002 プログラムの評価計画・準備	88
	5.2.1　ステップ1　プログラム概要・実施目的	89

	5.2.2 ステップ 2　利害関係者と報告の読者、評価視点	90
	5.2.3 ステップ 3　目的、目標および範囲	93
	5.2.4 ステップ 4　評価課題	94
	5.2.5 ステップ 5　理論的枠組みと評価デザイン	95
	5.2.6 ステップ 6　実施条件・制限	95
	5.2.7 ステップ 7　下位の質問	95
	5.2.8 ステップ 8　評価の全体計画	97
	5.2.9 ステップ 9　評価の尺度および基準	107
	5.2.10 ステップ 10　評価計画の調整	110
	5.2.11 ステップ 11　ツールの準備	110
	5.2.12 ステップ 12　協力要請	112
5.3	KIT-IJST 2002 プログラム評価のデータ収集	116
5.4	KIT-IJST 2002 プログラム評価のデータ分析	117
	5.4.1 各ツールを用いた評価データの集計および分析	117
	5.4.2 評価結果および結論	119
5.5	参考調査 1　過去（1994–2001 年度）の参加者の追跡調査	126
	5.5.1 目的・目標・調査方法	126
	5.5.2 調査結果および結論	127
5.6	参考調査 2　協定校担当者へのアンケート調査	128
	5.6.1 目的・目標・調査方法	128
	5.6.2 調査結果および結論	129
5.7	結果の報告	131
	5.7.1 報告書の作成および提出	131
	5.7.2 報告書の内容	131
5.8	評価結果の評価（メタ評価）	132
	5.8.1 The Program Evaluation Standards によるメタ評価	132
	5.8.2 利害関係者によるメタ評価	139
5.9	この評価事例に関する考察	140
	5.9.1 この評価の成果	140
	5.9.2 この評価の問題点	144

6章　日本語教育でのプログラム評価実践の課題　153

- 6.1　日本語教育でのプログラム評価へのアプローチ　154
  - 6.1.1　日本語教育プログラムで評価すべきこと　155
  - 6.1.2　説明責任のための評価　156
- 6.2　プログラム評価作業の進め方　158
  - 6.2.1　評価の担当者　158
  - 6.2.2　評価の方法　160
  - 6.2.3　日本語教育特有の問題　163
  - 6.2.4　利用可能な評価の尺度と基準　165
  - 6.2.5　プログラム運営上での評価活動の位置づけ　168
- 6.3　プログラム評価活動促進のための方策　169

むすび　171

引用文献　175
資料　181
索引　205

1章
はじめに

1.1 日本語教育におけるプログラム評価の必要性

　昨今日本でも地方自治体による行政評価や大学に対する外部評価など、活動全体に対する「評価」の必要性が認識されつつある。この種の評価は「プログラム評価」と呼ばれるもので、活動全体を体系的に検証しその価値や功績を見定める取組みである(Scriven, 1991)。
　プログラム評価の研究は欧米を中心に社会学・行政学・教育学などの分野で行われている。そして ODA 活動評価、AIDS 教育評価など幅広い社会活動で、Plan-Do-Check-Act(以下 PDCA と略)サイクルの一環として実践されている(山谷, 1997)。外国語教育でも、英国、オーストラリアなどでは、プログラム運営の一部として恒常的に実施している機関がある(Lynch, 1988; Brown, 1995 など)。
　プログラム評価を実施する利点のひとつは、活動内容や運営方法などを改善するための情報を入手できることである。PDCA サイクルの一環としてプログラム評価を実施し、評価結果をフィードバックするシステムを確立できれば、継続的な改善の手段を持つことが可能となる。もうひとつの利点は、プログラムの成果を公に説明可能な形にできることである。当該プログラムを実施するための資金(例　税金・補助金、個人が支払う授業料など)や労力を投入するだけの正当性があるかどうか、それを継続させてよいかといった問いに対して、適切なデータを提示し論理的に結論を導くことによってこれらの問いに明確な答えを提示できるわけである。

以上のことを踏まえて日本語教育界に目を転ずると、まず日本語教育の活動がさまざまな形で社会とつながりを持つ活動であることは自明である。国際交流を目的とした交換留学生に対する日本語・日本事情教育、外国人子弟に対する義務教育機関での日本語指導、中国からの帰国者や難民を対象にした日本語教育および生活指導など、社会のさまざまなニーズに応じた日本語教育が求められている。一方で、ODA の一環としての海外での日本語教育活動や国費留学生教育のように公的資金を用いているプログラムも多い。

しかしこのような特性を持つ活動でありながら、日本語教育関係者の間での「評価」に対する認識は、学習者個々の日本語能力が向上したかを測るものが中心で、プログラムとしての成果の評価に対する必要性、重要性が十分認識されているとは言えない[1]。

今後も社会的な使命を担う日本語教育の存在価値を広く認識してもらい発展を続けるためには、プログラムを統括する機関、さらには広く社会全体に対して、日本語教育が有意義なものであることを目に見える形で提示する必要がある。また、継続的改善のための手段としてのプログラム評価は、教育活動の質向上のためにも有益である。このようにプログラム評価は、日本語教育が早急に取り組むべき重要な課題である。

1.2 本書の目的と概要

前節で述べたような日本語教育でのプログラム評価の必要性を鑑み、プログラム評価とは何かについての理解を深めるために、本書では以下の3点を研究の目的と定める。
1. プログラム評価の基本的な概要を明らかにする。
2. 日本語教育の現場に即した具体的なプログラム評価像と実際の実施過程を描き出す。
3. 日本語教育で評価の実践を進める上での課題を明らかにし、解決のための方策を考察する。

これらの研究目的のもと、本書では各章で以下のようなことがらを論じて

「2章　プログラム評価とは何か」では、プログラム評価とはどのようなものか、歴史的側面および実践的側面から先行研究をもとに探求する。2.1節では、プログラムおよびプログラム評価とは何かを定義する。2.2節では歴史的な発展経緯をたどり、プログラム評価研究の背景を明らかにする。2.3節では、同じく歴史的側面からこれまでに生み出されたさまざまな評価に対するアプローチとその代表的なモデルを紹介する。それを通して、プログラム評価研究の視野が拡大されていく様子を描き出す。続いて2.4節ではプログラム評価を構成するさまざまな構成要素に注目し、プログラム評価の基本的な枠組みを実践的側面から検討する。そして、2.5節で具体的な評価作業の実施手順を説明する。ここでは、札野（2005）で提言した「評価計画・準備段階」の「12ステップ」を一部変更した「新12ステップ」を提言する。

次の「3章　外国語教育におけるプログラム評価の動向」では、2章の歴史的発展経緯を踏まえて、外国語教育分野でのプログラム評価研究の変遷と現状を論じていく。外国語教育分野でのプログラム評価研究は、1960年代～80年代前半と1980年代後半以降の2つの時期に分けられる。それぞれの時期の代表的な評価例を挙げて、評価研究の動向を明らかにする。そして、1990年以降に報告された実際の評価例2例を概観し、現代の外国語教育研究でのプログラム評価の特徴を考察する。

「4章　日本語教育でのプログラム評価像」では、3章で明らかになった外国語教育分野での評価研究の現状を踏まえて、日本語教育プログラムを対象とした評価のイメージを描き出す。ここでは、評価担当者、利害関係者、評価目標／評価課題、評価の方法の具体的な例を検討する。

「5章　日本語教育でのプログラム評価事例研究」では、筆者が行った夏季集中プログラムでの評価を事例として取り上げて、日本語教育プログラムでの評価の過程を描写する（5.1節～5.4節）。この過程では札野（2005）で提言した「12ステップ」に則った具体的な計画・準備作業のようすや、効率的な作業を進めるために有用な評価課題マトリクス、留学生自身が各自の日本語能力や日本文化・社会理解能力の向上の度合いを判定する自己評価票の例を紹介する。また5.5節および5.6節では、参考として長期的な視点から

対象プログラムの成果を振り返るために実施した、過去のプログラム参加者への追跡調査と、留学生送り出し協定校側の担当者へのアンケート調査の概要も報告する。5.7 節ではこれらの評価結果をまとめた報告書の内容を取り上げる。次の 5.8 節では、今回の評価事例について 2 種類の方法でメタ評価（評価の評価）を行う。そして 5.9 節で、この評価事例を振り返りどのような成果と問題点があったかを考察する。

そして「6 章　日本語教育でのプログラム評価実践の課題」では、5 章で明らかになった評価実践の上での問題点などを踏まえて、1)日本語教育におけるプログラム評価へのアプローチ、2)プログラム評価作業の進め方、3)プログラム評価促進のための方策という 3 つの観点から、8 つの課題についてその解決への方策を考察する。

「むすび」では、日本語教育分野でプログラム評価を実践する効用とは何か、また評価実践へ向けて何から始めていけばよいかについて、筆者の考えを述べて本書を締めくくる。

注
1　日本語教育学会編 1991『日本語教育機関におけるコース・デザイン』凡人社の第 5 章で評価についての考察がある程度である。

2章
プログラム評価とは何か

　2章ではプログラム評価とはどのような活動であるか、その特性を多面的に概観する。
　2.1節で、まず「プログラム」とは何か、実施例を挙げてその実態を確認する。そして、「プログラム評価」とは何か定義する。
　次に2.2節では、プログラム評価の歴史的な発展経緯に注目する。ここでは、主に米国での動きを中心に、教育学や社会福祉分野などを背景とする「評価研究」と、行政学や会計学などを背景とする「政策評価/業績検査」の2つのルーツから、現在のプログラム評価がどのように生み出されてきたのか、その歴史的な発展経緯をたどっていく。続く2.3節では、同じく歴史的な側面から、評価に対する代表的な6つのアプローチとその具体的な評価モデル例を紹介する。ここでは、6つのアプローチを3つの観点から2つずつ対比して論じプログラム評価の視野の広がり(スコープ)を概観する。
　2.4節では、実践的側面から、評価の目的や実施時期、関わる人々、評価課題、デザイン、ツールなど、プログラム評価の構成要素を吟味していく。
　そして最後の2.5節で、評価はどのような手順で実施されるのか、そのプロセスを描いてゆく。特に評価の計画・準備の段階では、具体的な作業手順をまとめた「評価の新12ステップ」を提案する。

2.1　プログラム評価の定義

　「プログラム評価」の定義を論じる前に、まず「プログラム」とは何かを確認しておく必要がある。「プログラム」とは、「特定の、あるいは特定可

能な対象者に規定の変化をもたらすために計画された一連の活動」である (Smith, 1989)。実施主体の規模や活動内容は多様で、国家レベルでの学校教育カリキュラム政策や経済活性化政策もあれば、地方行政団体レベルでの AIDS 対策教育やホームレスへの職業訓練、海外開発援助機関による発展途上国での識字教育活動や産児制限プロジェクト、全米科学財団(National Science Foundation)のような独立組織による数理教育プロジェクトなど、これらの活動のどれもがプログラムである。外国語教育の分野では、英国の British Council が資金援助をして全世界で実施している英語教育活動の例もある。日本の大学における各国からの国費留学生受け入れ政策や、各大学間での交換留学生受け入れ活動なども、それぞれひとつのプログラムと言える。

このようなプログラムの活動内容を「体系的に検証しその価値や功績を見定める活動」(Scriven, 1991)が「プログラム評価」である。この定義をもう少し具体的に言い換えると、「プログラムの実績や有効性に関する一連の評価課題(evaluation questions)に答えるために情報を収集し、ある価値基準にもとづいて解釈する取り組み」(Rossi 他, 1999, p.62)とも定義することができる。

2.2 歴史的側面から見たプログラム評価(1)―歴史的発展経緯―

プログラム評価の始まりは定かではないが、山谷(1997)は米国での社会の動きをその始まりと見てその発展経緯を論じている。米国でのプログラム評価の歴史上には、教育、社会福祉、公衆衛生、都市計画などの専門分野を背景とする「評価研究(evaluation research)」と、政治学、行政学、経済学、社会学、心理学、統計学、人類学をベースとした「政策評価(policy evaluation)/業績検査(performance audit)」の2つの系統がある(山谷, 前掲, pp. 35-51)。

第一の「評価研究」の系統では、そのルーツは20世紀初頭まで遡る。当時米国では慈善事業などの形で教育や公衆衛生、社会福祉の分野において、さまざまな職業訓練が実施されていた。次第にこの訓練をいかに効果的に、

またいかに節約して実施できるかという点が注目されるようになり「評価」の概念が導入されるようになった。その後、1930年代フランクリン・ルーズベルト大統領が世界恐慌から立ち直るために実施したニューディール政策では、政府が実施するいろいろなプログラムに対して、厳格な社会科学的手法(例 社会調査法や統計手法)を用いての評価が実施された。また、第二次世界大戦以降には、復員軍人のための職業訓練、技術研修、健康・精神衛生維持活動、住宅供給とそれに伴う都市再開発プログラムなどが実施され、これらのプログラムの成果を教育学、心理学、公衆衛生、都市計画のそれぞれの専門分野の視点から評価することが行われた。こちらの系統での主たる関心は、活動の実体や内容に注目し、あるプログラムを実施した結果、社会環境にどのようなインパクトを与えたか、また評価実施後にその結果をフィードバックしプログラム内容改善に役立てようとすることにあった。

　第二の系統は、1950年代ごろから始まる「政策評価/業績検査」の系統である。その始まりは会計学や財務監査に由来し、政策実務面での行政監察や会計検査に大きく関わっている。歴史的には、1960–70年代の2人の大統領ケネディーとジョンソンが、「偉大な社会」と「貧困との戦い」というスローガンのもとで、各種社会プログラムを実施した時期と重なる。これらのプログラムで必要となった莫大な政府支出の正当性をチェックし「説明責任」(accountability)を追及するための手段として、プログラム評価が実施された。この評価を担当したのが、米国議会付属機関のアメリカ連邦会計検査院(U. S. General Accounting Office; GAO)で、それまでの監査や会計検査の手法を用いて主に法学や会計学の専門職員が評価を実施した。したがって主たる関心は、法令や手続き規則を遵守しているか、不正な支出はないかなど、説明責任を中心としたものであった。

　その後資本主義と社会主義の対立の中で、宇宙開発やミサイル開発のリーダーたるべく米国が進めていた「ヴァンガード計画」という人工衛星打ち上げ計画に先んじて、密かに同様の計画を進めていた当時のソビエト連邦が1957年10月4日に人類初の人工衛星「スプートニク1号」の打ち上げを成功させた。その結果、米国は威信を失い、人々は冷戦の中で大きな危機感を感じたが、このスプートニク・ショックがきっかけで、米国は宇宙開発に本

腰を入れ、かつ教育分野への予算も増額されることとなった。これと、前述の70年代のジョンソン大統領時代の莫大な予算支出がきっかけとなり、前者のルーツを持つ教育分野でのプログラム評価でも上述のような説明責任が重視されるようになっていった (Beretta, 1992, pp.12-18)。

一方、後者の「政策評価/業績検査」の系統では、説明責任の概念が次第に変化していった。当初説明責任、すなわち「説明する」という目的は、上述のように遵法的なものであった。それが次第に表2-1のように拡大解釈されて、プログラム活動の有効性・経済性・サービスとしての質の管理などマネージメント的視点が加わるようになった。

表2-1 説明責任の解釈の変遷

	アカウンタビリティー[1]の概念	アカウンタビリティー追及の手段
第1段階 (初期)	財務会計責任 　(financial accountability)や 準拠責任 　(compliance accountability) =支出や財産の保全において法令や手続きを遵守することが目的	財務監査(financial auditing)
第2段階 (1950年代以降)	資源の経済的・能率的運用および管理についての責任 　(management accountability)	経営監査 　(management auditing) =経済性や能率性の判定 * management review, efficiency auditing とも言う
第3段階 (1960年代後半)	プログラムアカウンタビリティー 　(program accountability) =予期したようにその目標を効果的に達成しているか	プログラム結果監査 　(program results auditing) =結果の目標達成度を監査 有効性監査 　(effectiveness auditing) =有効性を監査 ・この第3段階では、プログラムの効果など、金銭や数量的な測定が困難なものを対象とするために、質的な側面の効果を図る手段が開発された。

(山谷, 1997, pp.48-50を筆者が表形式にまとめたもの)

さらに後者の系統では、プログラムを「インプット→プロセス→アウトプット→アウトカムズ」という一連の流れとして捉えて、その流れの続きとして行われるプログラム評価の結果をプログラムにフィードバックしていくシステム観が生まれてきた（図2–1参照）。すると、プログラム評価には活動内容の改善や新たなプログラムの立案に有用な情報を提供できるという効用も認められるようになった。このように、「政策評価/業績検査」の系統においても、プログラムがどのような形で有効であったかという点に目が向けられ、かつ評価で得られる情報はプログラムの改善・新規立案に有用であるという認識が広まっていった。

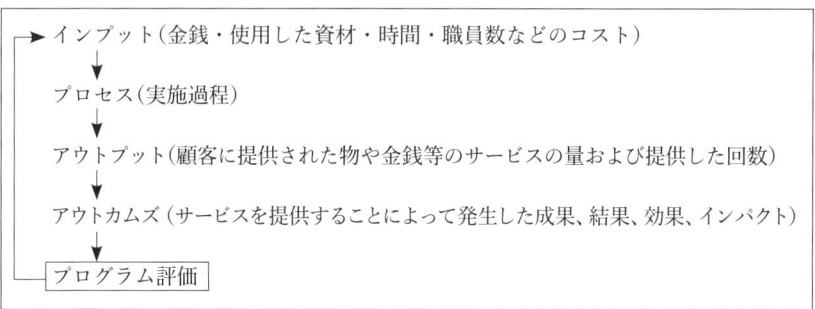

図2–1　プログラム評価のフィードバック機能

やがて、「評価研究」系統での評価目的が、内容の改善からかかった費用に対しての説明責任に拡大していく流れと、「政策評価/業績検査」系統での遵法的な説明責任追求から評価結果のフィードバックによる改善および新規立案への情報提供に変化していく流れとが相まって、次第にこれら2つの系統は接近していくこととなった。この接近は、1985年に教育評価関係者から成る「評価ネットワーク(The Evaluation Network)」と、社会学関係および行政関係者から成る「評価研究学会(The Evaluation Research Society)」が「アメリカ評価学会(American Evaluation Association)」に統合されたことに象徴される。そしてこの2つの系統は「プログラム評価」研究に収斂され現在に至っている(山谷, 1997, pp.50–51)。

ここでヨーロッパ圏に目を転じると、英国の British Council など各組織レベルでは、1950年代からすでにプログラム評価が実践されていた形跡が窺える (British Council, 2004)。たとえば British Council では、その資金提供元の英国政府に対して British Council の活動の正当性を評価する目的で、何回か報告書が作成されている (British Council, 前掲)。しかしこのような断片的な情報以外に、現段階ではヨーロッパでのプログラム評価の進展に関するまとまった報告は見当たらない。各国でプログラム評価の学協会が設立されたのは、主に1990年代前半であるから、米国の動きより若干遅かったと推測される (例　カナダ = Canadian Evaluation Society 1991年、オーストラリア・ニュージーランド・東南アジア = Australasian Evaluation Society 1991年、英国 = UK Evaluation Society 1994年、ヨーロッパ = European Evaluation Society　1994年、ドイツ = Deutsche Gesellschaft für Evaluation 1997年、フランス = La Société Française de l'Évaluation 1999年)。

　一方、わが国において「日本評価学会」が設立されたのは、ヨーロッパ圏よりもさらに遅く2000年9月である。この学会は、主に行政担当者や海外資金援助団体 (JICA など)、NPO団体関係者が中心となって組織されたものである。

2.3　歴史的側面から見たプログラム評価(2)—代表的な評価アプローチ—

　歴史的に多様な背景を持つプログラム評価研究においては、評価に対するアプローチ、たとえば何のために評価を行うのか、どのような視点を取るか、何をデータとしてどのような方法で評価するのか、あるいは評価担当者の役割は何かなど、評価のさまざまな観点について多くの議論が交わされてきた。そして、具体的な形として、いろいろな評価モデルが提言されてきた。これらの議論の背景には、依拠する哲学的イデオロギー (例　客観的認識論 (objectivistic epistemology)[2] vs 主観的認識論 (subjectivistic epistemology)[3] や、パラダイム論 (実証主義 (positivism)[4] vs 自然主義 (naturalism)[5])、方法論 (例　量的評価 vs 質的評価) などの対立がある (Lynch, 1996, pp.12-22)。本節では、Worthen 他 (1997) が選んだ主要な6つのアプローチについて、筆者が注目

した3つの観点で2つずつ対比させながら、それぞれの代表的なモデルを紹介していく。これらの例を通して、プログラム評価研究での視野の広がりを見ていくことが本節のねらいである。

2.3.1 「目標指向アプローチ」vs「過程指向アプローチ」[6]

第一の観点は「プログラムの何を明らかに説明すべきか」という議論の対立、特にプログラムの生み出す「成果物(product)」と「過程(process)」のどちらに注目をするのかというものである。ここでは、「目標指向アプローチ(objectives oriented approach)」と「過程指向アプローチ(process oriented approach)」を取り上げる。

この議論の基本となる評価のアプローチは、Tyler(1949)の教育評価のモデルを発端とする「目標指向アプローチ」である(Worthen他, 前掲 p.77)。これは、Tylerが取り組んだ「8年研究(Eight-Year Study)」(1933–1941)と呼ばれる米国の学校教育カリキュラム評価研究から生み出されてきたものである。彼は、20世紀前半の米国の学校教育では、教育の目的が明示されていないと批判する。教育においては、社会的意義や子どもの発達的観点などを踏まえて吟味された教育目的を明示し、それを具体的な達成目標に区分して記述すべきであると主張する。そして評価とは、プログラム終了時に、その達成目標が実際にどの程度達成されたかを客観的に見極めることであると考えた。

評価は次のステップを取る。
1) 取り組もうとする活動の意義をアピールするために、広義の最終目的(goals)あるいは到達目標(objectives)を設定する。
2) 1)の目的・目標をいくつかのカテゴリーに分類する。

    例 米国の学校教育の目標カテゴリー
    (1) 知的(intellectual)
    (2) 情意的(emotional)
    (3) 身体的・レクリエーション的(physical and recreational)
    (4) 美的・文化的(aesthetic and cultural)
    (5) 道徳的(moral)

(6)職業的(vocational)
　　　　　(7)社会的(social)
3) カテゴリーごとに、行動表現(＝客観的に観察できる行動を表す動詞表現)を用いて行動目標(＝達成基準)を設定する。
4) 3)の行動目標が具現する状況を見つける。
5) 測定手法を開発または選択する。
6) プログラムの終了時点で、行動で確認できるデータを収集する。
7) 得られた結果を達成基準と比較する。

　ここで、得られた結果が達成基準にまで到達していればプログラムは成功というわけである。この背景には、誰が見てもわかる証拠を以って初めてある事実が認識されるという客観的認識論(注2参照)や実証主義的(注1、注4参照)な見方がある。Tyler のモデルは、その後 Metfessel & Michael(1967)や Provus(1971)、Hammond(1973)といった研究者に引き継がれていきその後の教育評価のあり方に多大な影響を与えていった。

　しかしこのような評価に対し、人間の行為は計画的に工場で生産されるわけではない、予想されない成果もあるはずといった批判も起こってきた。その極端な反論として提唱されたのが、Scriven(1973)の無目標評価(goal-free evaluation)である。Scriven の重要な主張は、設定した目標に照らした評価はその限られた視点からしかプログラムを見ていない。しかしプログラムの成果には、目標達成以外にも予期せぬものがある。そこで、評価の焦点を目標ではなく出現した成果(outcomes)に移して、どのような成果が得られたかを評価しようとするものである。

　ただし、Tyler と彼の後継者らのモデルも Scriven の無目標評価も、基本的にはプログラムの終了時に生み出された成果物に注目している点では共通である。Worthen 他(1997, pp.94-95)は、Tyler らの目標指向アプローチと Scriven の無目標評価は、補完しあう関係であると見る。そして、プログラムの目標を知らないではいられない内部者が目標指向アプローチ的評価を行い、第三者的立場の外部者が goal-free 的評価を行えばいいと提言している。

　このような「目標指向アプローチ」に対抗して、1960年代後半に生み出されてきたのが「過程指向アプローチ」である(Brown, 1995)。

「過程指向アプローチ」の代表的な研究者 Stake (1967) らは、「目標指向アプローチ」を次のように批判する。「目標指向アプローチ」による評価では、プログラムの目標を達成したかどうかは確かに重要な評価項目ではある。しかし、それだけを見ているのでは実際にプログラムをどのように改善していけばよいのかが見えてこない。また「科学的」であるために、達成目標を測定可能なものに絞って設定したり、実験法デザインで厳密な比較を行うためにさまざまな統制を行ったりすることにより、現実にプログラムで起こっていることがらを忠実に見ていないと批判した。

「過程指向アプローチ」の背景にある主観的認識論（注 3 参照）や自然主義（注 5 参照）では、人間の営みは本来複雑なものであるから、単純な数値に集約することはそもそも無理なことであるとされる。さらに、外部者である評価担当者は、複雑なデータが意味するものを完璧には理解できないはずである。それならば、プログラム当事者がその営み全体を観察し、その実際を記述したポートレートなどのデータを踏まえて価値判断をするべきである、というのがこのアプローチの真髄である (Worthen 他, 1997, pp.153-157)。このようなとらえ方のもとで、Stake の実相評価 (countenance evaluation) モデルを筆頭にさまざまなモデルが生み出されていった。

まず Stake (1967) の実相評価モデルでは、評価の主たる活動は描写と判断であるとする。具体的に、評価担当者は次のような作業を行う。
1. プログラムの置かれた背景や必要性、理論的根拠、ニーズなどを記述する。
2. 前もって計画された前件（投入物、資源、制限条件）、手続き（具体的活動とそのプロセス）、成果 (outcomes) を書き出す。
3. 実際に観察された前件、手続き、成果（最初意図されていなかったものも含む）を記録する。
4. 前件、手続き、成果について、明確な判定基準を挙げる。
5. 判定基準にもとづいた判断を記録する。

そのための手助けとして、Stake は、図 2-2 (Worthen 他, 前掲, p.157, Figure 10.1) のような描写マトリックスと判断マトリックスから成る評価構成図を

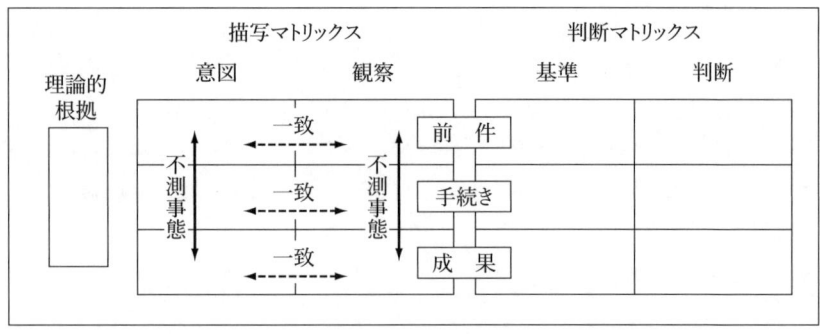

（日本語訳は筆者による）
図2-2　Stake (1967) の描写マトリックスと判断マトリックス

提示している。それぞれの枠組みに該当する情報を記述し、各項目間での比較を行う。そして、最終的に右側の欄に評価の結果を記載するという仕組みである。

後にStake (1975) が、この実相評価モデルを、さらにプログラム参加者の意向を重視した形で発展的に開発したものが、対応評価 (responsive evaluation) モデルである。こちらのモデルでは、事前に意図されたものがどうなったかを評価しようとするのではなく、プログラムでは何が起こったかその現実を見据えることをさらに重視する。また、プログラムに利害関係を持つ利害関係者と呼ばれる人々が知りたいと思う観点を尊重する。そのために、評価の過程でも頻繁に利害関係者とコミュニケーションを取り合うことが大切であると主張する。

この対応評価モデルの誕生が、その後のGuba & Lincoln (1981) に代表される自然主義評価 (naturalistic evaluation) モデルに発展する。これは社会学の民族誌 (ethnography) に根ざしたもので、インタビューや観察など質的なデータをも活用するものである。また評価の信用性 (credibility) を高めるために、トライアンギュレーション (triangulation、2.4.10節参照) も重視している。

Worthen他 (1997, p.156) は、このアプローチの特徴を次のように論じている。

1. 計画した質問を行って結論を出すのではなく、全体を観察することにより見えてくるものから判断する。
2. 主観的／客観的データ、質的／量的分析などを総合して判断する。
3. 最初から決定された計画にしたがって評価を進めるのではなく、評価活動の展開にしたがって次のステップが決定される。また、ある特定の参加者にプログラムがどのような影響を与えたのか、深く理解することから重要なことが明らかになる。
4. 人はものごとをそれぞれの視点からとらえ解釈するものである。特定のとらえ方が真実となるわけではない。したがって、評価ではプログラムの複雑さを踏まえて、人々がどのようにプログラムをとらえているか、それら全体を見極めることが中心的な課題である。

以上の議論から、評価においては単に最終的な成果のみならず、それを生み出した過程にも目を向けるべきであること、さらに多面的な観点から収集した多様なデータをつき合わせて判断をすべきであること、計画されたことがらだけでなく予期せぬ展開にも注目すべきであることなど、プログラムを包括的にかつありのままにとらえることの重要性が認識されるようになってきた。

2.3.2 「マネージメント指向アプローチ」vs「消費者指向アプローチ」

2つめの観点は「何のための評価か」という点から、「マネージメント指向アプローチ（management oriented approach）」と「消費者指向アプローチ（consumer oriented approach）」を取り上げる。この2つは、一見すると「誰のための評価か」という点で対立しているように見えるが、どちらも意思決定を促進するための評価であるという点で共通している。

まず「マネージメント指向アプローチ」は、意思決定を行う管理者が必要とする情報を提供することを評価の目的とするもので、Brown（1995, pp.222–223）は、このアプローチを「決定促進アプローチ（decision-facilitation approach）」と呼んでいる。

このアプローチの代表的なモデルは、Stufflebeam（1966; 1967; 1971）により提唱されたCIPPモデルである。CIPPとは、このモデルを構成する4つ

のタイプの評価の頭文字を取ったものであり、それらはプログラム運営上、管理者が意思決定、すなわち価値判断をしなければならない4つの段階を対象とするものである。

1. 状況評価（context evaluation）＝プログラムの目標設定のため、だれを対象に、どのニーズを取り上げるかを決定するための評価。
2. 導入評価（input evaluation）＝目標達成のために、プログラムのデザイン上、どのような資源があるか、どのような方略の選択肢があるか、どのプランがニーズに最も良く応えられるかを決定する評価。
3. 過程評価（process evaluation）＝プログラム活動が予定どおり実践されているか、どのような支障があるか、何を手直しする必要があるかを判断する評価。
4. 成果物評価（product evaluation）＝どのような結果が得られたか、あるいはどの程度ニーズに応えられたか、プログラムの存続をどうするかという最終成果の判断のための評価。

Stufflebeam（2003, pp.24-34）は、1960年代前半優勢であった前述のTylerらの目標指向アプローチ、すなわち事前に設定された目標がどの程度達成されたかを比較する評価モデルでは、現実の世界を評価しきれないという批判からCIPPモデルを生み出したと振り返っている。

このモデルでは、達成目標ではなく、管理者が決定しなければいけないことがらに評価の軸を置く。おのおのの意思決定のための選択肢を見極め、それぞれの長所・短所を明らかにするためにデータを集めることが評価の作業である。CIPPモデルの最も重要な実施目的は、プログラムの状況を「証明する（prove）」ことではなく、プログラムの「質を高める（improve）」ことであり、そのための意思決定への情報を提供することを目指すものであるという（Stufflebeam, 前掲, p.4）。

Stufflebeam以降、Alkin（1969）がUCLAの評価研究センター（Center for the Study of Evaluation）で行ったCSEモデルと呼ばれる類似のモデルもこのアプローチに区分される。

2つめのアプローチ、「消費者指向アプローチ」の基本は、たとえば自

動車を購入する際に参考にするような消費者ガイド情報と考えても良い。1960 年代の米国では、さまざまな製品についての消費者ガイド（consumer reports）が提供され始めていた。その発想が教育分野に応用され、米国政府の依頼を受けた Scriven（1967）が学校教材評価のためのチェックリストを作成した。当時はスプートニク・ショックなどの影響で教育の質の向上が求められており、それを受けて連邦政府は教育関係の予算を増額していた。この予算のもと、さまざまな教材やカリキュラムパッケージ（例　ワークショップ、トレーニングプログラム、教授メディアなど）が大量に開発されており、このチェックリストはその評価、選別に利用された。

　後年それを、Scriven（1980）がプログラム評価に応用したものが Key Evaluation Checklist（KEC と略）である。後述するが、Scriven はこれを素人でもわかりやすく評価を進めるためのツールと性格づけている。KEC は今も改訂され続けており、最新の KEC（Scriven, 2007）は Part A で評価の概要（ステークホルダーや報告書の読者、評価対象、評価で明らかにしようとすることがら、評価の位置づけ、評価方法、評価者の役割など）を確認したあと、Part B から Part D で以下のような項目について評価を進める。これらの項目をチェックし、その結果をまとめていけば報告書が作成できるものとなっている。

Key Evaluation Checklist（2007）のチェック項目
Part B　基本項目
1. 背景および状況＝プログラムの歴史的発展状況、設置状況
（例　評価の依頼者および、以前実施された評価の結果など）
2. 描写および定義＝プログラムの実状、目指す目標など
3. 消費者（影響を受ける人々）＝プログラムの直接および間接的影響を受けるのはだれか
4. 資源（長所の査定）＝プログラムの経済的、物理的、社会的な資源
5. 価値＝現状のこのプログラムで何を以って価値があるとするかの価値基準

Part C　サブ評価(データ収集から価値判断へ)
6. 過程＝プログラムでは何が起こっているか
7. 成果物＝どのような成果が生み出されるか、それは意図されたものか
8. 費用＝金銭的および非金銭的費用(場所、時間、能力、労力、精神的ストレスなど)
9. 比較＝競合する他のオプションとの比較
10. 一般化可能性(generalizability)＝他の場所でも実施可能か、将来も実施可能かなど

Part D　結論および今後への影響
11. 統合＝Part B と Part C の結果の統合
12. 提言とその説明(可能であれば)
13. 責任および正当化＝賞賛や批判に対する対応(可能であれば)
14. 報告(report)と支持(support)＝異なるグループの読者に適応した報告
15. メタ評価

Scriven(2000, pp.2–3)は、次の7点をチェックリストのメリットとして挙げて、これらが評価の妥当性、信頼性、信用性向上に貢献していると考えている。
1. 重要な項目を見落とさないための「記憶装置(mnemonic devices)」
2. 素人でも理解しやすい。それにより、利害関係者の評価に対する信用を高めることができる。
3. 1項目ずつ判定していくので、「後光効果(halo effect)」(＝ひとつの卓越した特質のためにその人物全体の価値を過大評価すること)を防げる。
4. COMlist(＝Criteria of Merit Checklist)と呼ばれるスケート競技の評価のように、「芸術点」「技術点」といった項目に分けてあるタイプのチェックリストの場合、山のようなデータの中で自分が見たいものを見ようとする傾向を指す「ロールシャッハ効果」を軽減することができる。
5. 適切な COMlist の場合、評価項目が重複しないので二重採点を防げ

6. 開発段階での経験に基づいた膨大な専門知識を反映している。つまり、過去の経験に基づいてどのような項目をチェックしなければいけないかの知識の集大成である。
 7. 評価のチェックリストは開発が容易である。ある事柄が相関的に起こることがわかっている場合、どうしてそうなるかは説明できないが、その状況であるということは判断できる。

この2つのアプローチを比較してみると、前者の「マネージメント指向アプローチ」ではプログラムを4つの段階に分けて捉えているのに対し、後者の「消費者指向アプローチ」では多面的にプログラムの有り様を描こうとしている点で異なっている。

しかしこれらは一見かなり異なったアプローチのように見えるが、実はかなり類似の性格を持つものであるとも言える。前者の「マネージメント指向アプローチ」では、評価とはその結果を受けてプログラムの管理者がある意思決定をするためのものであることを強く主張している。一方、後者の「消費者指向アプローチ」でも、当初教師達がどの教材を採用しようか選択するために用いられたチェックリストが始まりであったことから、最終的にはプログラム評価の結果を踏まえて、ある立場の者が何らかの意思決定をするためのものとして評価活動を位置づけている。すなわち、これら2つのアプローチは、評価とは意思決定を行うためのものであるという点で共通であると言える。ここで言う意思決定とは、プログラムの成果が明らかに説明された上で、プログラムの存続や拡大/縮小などの判断が行われることであったり、または結果のフィードバックをもとに、どのように改善すればよいかという計画が決定されることであったりする。これらのアプローチの出現により、プログラム評価の実用的な側面がより一層クローズアップされたと考えられる。

2.3.3 「専門家指向アプローチ」vs「対審[7]指向アプローチ」

第3の観点は「誰の視点から評価を行うか」ということである。ここで

は、「専門家指向アプローチ(expertise oriented approach)」と「対審指向アプローチ(adversary oriented approach)」を取り上げる(Worthen 他, 1997)。

「専門家指向アプローチ」の基本は、ある分野の専門家あるいはさまざまな分野を専門とする外部者のグループが、専門知識に基づいて価値判断を行うことである。大学などの認証システム、学会誌の査読、監督委員会による査察などがこの例である。このようなアプローチは、これまでに紹介したようなある研究者による固有の評価モデルではなく、学会や認定団体など各組織レベルで各々開発され、社会的に浸透する形で発展してきた評価の方法である。

ただし、最近、大学認証システムのような社会的影響が大きい評価においては、多様な価値観を反映させるために、本来の専門家グループによる資料評価や現地査察に加えて、被評価機関独自の自己評価を組み合わせるなど、形式が複雑化している。日本の大学基準認証評価制度も、すべての大学に共通の最低基準を適用する項目に加えて、大学独自の使命や達成目標に注目した自己評価を合わせた二重評価システムを用いている(大学評価・学位授与機構, 2003)。

もうひとつの「対審指向アプローチ」は、裁判のような形式で複数の立場からの議論を行うものである。「提唱者—敵対者評価(advocate-adversary evaluation)」と呼ばれることもある。

この形式の評価は最初1915年にRiceにより提唱されたが、その後50年ほとんど注目されなかった。1965年にGubaがこのアプローチを教育の分野にも応用できると提言したのを受けて、Owensが1970年にこの形式で仮想の学校教育カリキュラムの評価を実施した。この評価では、弁護側(提唱者)、検察側(敵対者)、陪審員らにあたる人を立てる。弁護側が、対象となるプログラムについて最も好意的な評価結果を提示する。それに対し検察側が最も批判的な結果を提示して、陪審員らが最も納得できる決着をつけるという形を取る。Owensは、この評価ではデータ収集や分析の方法は従来と変わりないが、データの解釈、まとめ、報告の段階で異なる立場からの視点を反映させることが重要であると主張している(Owens, 1973)。

これらのアプローチにおいて、「専門家指向アプローチ」は「専門家」の

立場からプログラムを捉えようとするのに対し、「対審指向アプローチ」では専門—非専門ではなく、対立関係にある2つあるいはそれ以上の立場からプログラムを捉えようとしていて、評価担当者の立場が異なっている。しかしどちらのアプローチも、プログラムをできる限り客観的に捉えようとする点で共通していると言える。すなわち、前者の「専門家指向アプローチ」では、外部者である専門家が外部の視点からプログラムを客観的に捉えることが可能である。一方、後者の「対審指向アプローチ」では、弁護側と検察側がどちらも内部者であったとしても、相互に自らの主張とは異なる意見を聞くことを通してプログラムをより客体化して見ることが可能となる。これらのようなアプローチが提唱されることにより、プログラム評価研究ではより多様な視点からプログラムを捉えることの重要性が認識されるようになってきた。

　以上のように、プログラム評価の発展の歴史においては、さまざまな観点での議論を通してプログラム評価に関する視野が拡大され、多様なアプローチおよびその具体的なモデルが提唱されてきた。

　しかし、実際の評価活動においては必ずしもひとつのモデルだけに則って評価が行われるわけではない。加えて2.1節で述べたように、評価対象の規模や活動内容も多彩であるから、実際にはそれぞれの評価目標や実施条件を考慮して、適切なモデルを取捨選択あるいはそれぞれの長所を折衷した形で組み合わせて評価を行っている。言い換えれば、広い視野からプログラム評価が捉えられるようになったことによって、プログラム評価を計画・実践するためには、より多角的に詳細を検討することが不可欠になってきたと言える。次節では、このような実践的観点からプログラム評価とはどのようなものであるかを論じていく。

2.4　実践的側面から見たプログラム評価(1)—評価の構成要素—

　本章後半では、前節までの歴史的側面から視点を変えてプログラム評価を実践的側面から捉えてみる。まず本2.4節ではプログラム評価を構成する13の要素に注目し、先行研究をもとにプログラム評価とは何か、そのイメージ

をさらに具体的な形で描いていく。次 2.5 節では評価実施の手順を論ずる。

本節の各項で取り上げる 13 の要素は次のとおりである。

2.4.1　評価の目的
2.4.2　実施時期
2.4.3　利害関係者
2.4.4　評価担当者と報告先
2.4.5　評価対象
2.4.6　評価目標、評価課題、下位の質問
2.4.7　評価方法とデザイン
2.4.8　評価手法とツール
2.4.9　データの特性(種類、量的データ・質的データ)
2.4.10　トライアンギュレーション
2.4.11　評価尺度と基準
2.4.12　メタ評価
2.4.13　評価の型式

2.4.1　評価の目的

本項では、前節の歴史的発展経緯を踏まえて、現在プログラム評価は何のために行われているのか「評価の目的(evaluation goals)」について先行研究を概観して考察する。

まず評価の専門家 Rossi 他(1999)は、プログラムを評価する第一の目的はプログラム活動自体を改善するためであるとする。そもそも種々の社会プログラム活動は、現状の問題を解決し社会生活の質を向上するために実施されるものであるから、期待される役割をより効果的に果たすために評価が行われるべきだという主張である。

また Rossi らは、評価活動にはプログラムに関する質問を投げかける人々やその回答を聞く人々(audience)が存在し、彼らの質問への回答を提示することが評価であると捉えている。彼らが質問する意図は、その回答を得ることによって何か意思決定をしようとしているからである。その意思決定のための情報を提供するということがプログラム評価の第二の目的であると述べ

ている(Rossi 他, 前掲, pp.25–26)。

一方、政策評価を専門とする山谷(1997, p.31)は、評価の目的として説明責任に関連する目的と政策プログラムへの貢献に関連する目的を挙げている。

前者の説明責任とは、基本的に「目標達成度を明らかにして任務を果たしていることを証明、説明する責任」である(山谷, 1997, p.29)。ただし 2.2 節で述べたように、この説明責任は、時代を経るにしたがって概念が拡大的に解釈されるようになり、現在では「遵法性」に焦点を当てた説明責任や「有効性・経済性」などのマネージメント的なもののみならず、さらに新しい概念も加わってきていると言う。この新しい概念とは、たとえば「顧客向け」の説明責任(consumer accountability)や「専門職として」の説明責任(professional accountability)である。「顧客向け」の説明責任とは、行政機関がサービス提供者の立場として、顧客である国民に対し、サービスの質向上および苦情に応答するために、どのような活動を行っているかを明らかにする説明責任である。一方「専門職として」の説明責任とは、たとえば医療分野など専門的な知識や訓練を受けた立場だからこそ明らかにすべきことがらについての説明責任を指す(山谷, 前掲, p.31)。

そして後者の目的、政策プログラムへの貢献関連の目的とは、「政策目標の選定への貢献」と「政策手段の選択への貢献」である。これらは、どちらも過去の政策プログラムの経験をフィードバックすることにより、次の政策目標選定あるいは政策手段選択に資するために、評価を行うというものである。

次に外国語教育分野に目を向けると、Brown (1995)はプログラム評価を、

> 「特定の組織が置かれた文脈の中で、カリキュラムの改善促進と有効性の査定のために必要な情報を、体系的に収集し分析を行うこと」

と定義し、その中で情報を集める目的、すなわちプログラム評価を行う目的を「(カリキュラムの)改善の促進」と「有効性の査定」であるとしている(Brown, 前掲, p.218)。

同じく外国語教育研究者の Rea-Dickins & Germaine (1998, pp.11–19)は、評価の機能として次の 4 点を挙げている。

1. 判定的側面＝説明責任
2. 開発的評価
3. プログラムに関する意識向上と専門的能力の開発
4. マネージメントと意思決定のための評価

1.「判定的側面＝説明責任」は、「結果を提示しその結果と費用に対するプログラムの有効性を判定すること」(Rea-Dickins & Germaine, 前掲, p.17) と定義されている。この「有効性」は、以前「支出に見合った価値(Value for Money =VFM)」と呼ばれる金銭的な価値にもとづくものであったが、次第に社会的インパクトのような金銭以外の基準で測る幅広いものも対象として含まれるように変化してきている。

2.「開発的評価」と 3.「プログラムに関する意識向上と専門的能力の開発」は、「カリキュラム改善を促進させるための手段」(Rea-Dickins & Germaine, 前掲, p.17) として位置づけられている。これは、評価結果をカリキュラムにフィードバックしてプログラムの質を向上させることとプログラムの成果を知ることで、プログラム担当者が、より良く職務を理解し任務を遂行できるようになることを目指して評価が行われることを指す。

4.「マネージメントと意思決定のための評価」は、プログラム運営に携わる者に対して有益な情報を提供しその情報を戦略的に運営を進めるための意思決定に役立てることを目的としている。

以上をまとめると、共通して挙げられるプログラム評価の大きな目的は次の 2 点に集約できる。

1. 説明責任の追求＝目標達成の検証、有効性の査定など
2. プログラムの改善のため、あるいは次のステップに向けた意思決定のための情報収集

実際の評価活動においては、プログラムの置かれたそれぞれの状況を踏まえて、これらのどちらか一方、あるいは両方を目的として掲げることになる。

最近の外国語教育学の分野では、前述の Rea-Dickins & Germaine (1998, pp.5–10) が、1980 年代後半から 90 年代に行われた大がかりな評価例の目的や方法などを分析し、プログラム評価が「プログラムの与えたインパクトや支出に見合った価値を決定する道具」としてよりも「学習と理解を刺激する

道具」として見られる傾向を報告している。これは、外国語教育分野では、プログラム評価実施の目的が説明責任追求よりも改善や意思決定のための情報収集に重点が移ってきていると解釈できる。

2.4.2 実施時期

一般に、評価はプログラムの実施前（事前）、実施途中（中間）、終了後（事後）[8] のどの時点でも可能である。しかし、いつの時点で評価が行われるかによっておのずと評価の目標は異なってくる。

事前評価では、主にプログラム内容の策定のためのニーズアセスメントや予定された活動の実施可能性を探る評価などを行う。

中間の評価は「形成的評価（formative evaluation）」とも呼ばれ、プログラムの進捗状況を探り、必要であれば軌道修正を行うために実施されるものである。それらの情報にもとづいて成される意思決定はプログラムを具体的に改善することを目的としているため、評価のサイズとしては小さなものである。

事後評価は、「総括的評価（summative evaluation）」とも呼ばれ、最終的なプログラムの成果を見定めるために行われる。どの程度目標を達成できたか、効率的であったか、効果的であったかなどについての評価を行う。ここで得られた結果にもとづく意思決定は、プログラムを存続するか廃止するかなどスケールの大きな決定がなされる（Brown, 1995, p.224; 山谷, 1997, p.3）。

歴史的発展経緯から見ると、最初はプログラム終了時にどのような成果があったかを評価する事後評価または総括的評価が主流であったが、次第に評価結果のフィードバック効果に注目が集まり、結果よりも過程を重視する中間評価、あるいは形成的評価に焦点が当てられるようになった。続いて、評価が新しいプログラムの立案にも寄与すると考えられ、ニーズアセスメントなどの事前評価や「評価実施可能性の査定（evaluatability assessment）」が始まった。また、類似のプログラム評価どうしの比較も評価の一種として扱われるようになった（山谷, 1997, p. 45）。

2.4.3　利害関係者

プログラムには、実施担当者とプログラムサービスの直接の受益者だけでなく、そのプログラムが存在することによってさまざまな形で利害関係を持つ「利害関係者」が存在する。「利害関係者」は「ステークホルダー(stakeholder)」と呼ばれることもある。

国公立大学の日本語教育プログラムを例に取れば、以下のような利害関係者が想定できる。

・プログラム担当教職員
・現在の学習者
・大学の管理者や経営者
・学習者の親権者や資金援助者
・学習者の出身国政府
・学内のその他の学生
・学習者を採用する企業
・過去の学習者
・プログラム協力者(ホストファミリーなど)
・大学近隣コミュニティー
・資金援助者(納税者など)

プログラム評価においては、当該プログラムに関わる利害関係者を同定し、それぞれの立場でどのような利害があるのかを明確にしておく必要がある。そして、それぞれの利害関係者がどのような観点からの評価を望んでいるかを踏まえた上で、評価計画を立てた方がより多くの利害関係者に受容されるプログラム評価となる。また利害関係者は、評価作業上の重要なデータ源でもあり、アンケートやインタビューなどの対象とすることも多い。

2.4.4　評価担当者と報告先

評価担当者すなわち評価活動を行う者の立場は、プログラムとの関係から見て、大きく分けてプログラムの「内部者」、「外部者」、「内部者および外部者」に区分できる。

内部者＝実際にプログラムに直接関わって、その全容を熟知し、プログラ

ム担当者とかなり近い立場で話ができる者。ただし、内部者でもその立場によって評価の視点は異なるものである。
・現場担当者（教師など）
・プログラム参加者（学習者、受講者など）
・プログラム管理者/経営者（理事会、教育委員会、行政当局など）

外部者＝プログラム運営機関あるいは担当者からの依頼を受けた外部の評価専門家または対象となるプログラム内容の分野の専門家。

外部者＋内部者＝外部者と内部者が共同で評価を行う場合や、評価の専門家がコンサルタント的立場でリードしながら、内部者（＝現場担当者）が情報データを収集し、共に分析などを行う場合がある。

最近は、フェッタマン（Fetterman, D.M.）らの提唱する「エンパワーメント評価」[9]と呼ばれる手法も登場している。

「だれが評価を行うか」という要素は、得られる情報の種類や量・客観性、あるいは得られた結果を報告する際の報告内容に対しての信用性・インパクトの大きさなどに影響を与える。たとえば外部者が、特に限られた期間に、どの程度プログラム全体の概要を正しく理解し、すべての立場の関係者から真実に近い情報を収集できるかによって、評価の内容が大きく左右される。それに対し、内部者による評価では、プログラムを熟知しているとはいえ、必ずしも客観的・中立的立場からの理解とは限らない。そのため、得られる評価結果の客観性が問われることが多い。報告内容の信頼性・インパクトの大きさなどの点では、同じ内容を報告するにしても外部者からの評価結果の方が冷静にかつ強いインパクトをもって受け止められやすい傾向があると言われている（日本語教育学会コースデザイン研究委員会, 1991, pp.324-326）。

次に、誰に対して報告するのか、一般的な報告先を分類すると次のようになる。

外部＝資金や人材を提供する外部機関
　　　外部の利害関係者（税金を用いた場合の納税者など）
内部＝プログラムを運営する機関の管理者（理事会、教授会など）
　　　プログラム担当者（教員、企画担当者、事務担当者など）

プログラム参加者（学生などの受講者、受講者の父兄など）

外部＋内部＝外部への報告内容をフィードバックして内部に報告（組織内の評価担当委員会が外部に報告し、同時に組織内関係者に報告する場合など）

これらの報告先と上述の評価担当者の分類を組み合わせた実際例には、表2-2のようなものがある。

表 2-2　評価担当者と報告先

評価担当者	報告先	例
外部者	外部	British Council や各国の ODA 資金援助によるプログラム（JIJOE=Jet-In Jet Out Expert による短期間での評価 Alderson& Scott, 1992, pp. 2–4）
外部者	内部	プログラム管理者などが外部の専門家に依頼する場合　米国工学教育協会による認定のための査察など
内部者	外部（＋内部）	一般的なプログラム実施報告、年度末の活動報告　日本技術者教育認定制度[10]、大学評価制度
内部者	内部	プログラム担当者自らの自己点検作業として
外部者＋内部者	外部	Lewkowicz & Nunan (1999) British Council の依頼による中国での英語プログラムの評価報告

上述のように最終的な結果報告は、当該プログラムの利害関係者すべてに公開される場合もあれば、一部のみへの内部報告資料として扱われる場合もある。その報告先の如何によっては、評価結果がプログラムの存続や関係者の直接の利害（たとえば、予算の配分、組織としての認定取得—ISO9004、日本技術者教育認定機構（JABEE）など）を左右することも多い。そのため評価の最初の段階から、結果の報告先あるいは評価結果がどのように利用されるのか、評価活動の位置づけを明示して評価を行う必要がある。

2.4.5　評価対象

評価の対象は、評価目的の達成に必要で、かつ入手可能な範囲での最良の情報源は何かで決まる。プログラム評価の場合は、一般のいわゆる学習成果を測る「テスト」とは異なり、学習者の成果のみならずプログラムに関わる

すべての要素がその評価対象となりうる。外国語学習プログラムについてのプログラム評価の場合には、たとえば以下のようなものを評価の対象として考えることができる。

　学習者に関するもの
　　学習者自身の特性(例　人数、以前の学習歴、母語、学習スタイル)
　　学習成果物(例　実際の発話、スキット、作文、レポート、テスト)
　　学習者の認識・意見、実際の学習行動・態度
　教師に関するもの
　　教師自身の特性(例　母語、教授経験、専門分野)
　　教師の認識・意見、実際の教授行動・態度
　教育―学習活動
　　カリキュラム、シラバス、スケジュール、行事内容
　　授業実施概要(例　授業計画、日誌、議事録)
　　教材、実際の授業活動
　設備・施設
　　教具、教室や校舎の概要(例　広さ、位置)
　プログラム全体
　　予算、スタッフの数や適性、機関内での位置付けなど
　環境・社会的状況
　　周りのコミュニティーで利用可能な施設や機関、資金的支援、
　　行政機関などからの支援

　さらに評価の規模や目的によっては、上記の評価対象を異なる時間枠で捉えることもできる。すなわち、プログラム終了時での直接的な成果(＝アウトプット、例　日本語会話能力)だけを対象とすることもあれば、長期間の波及的な効果(＝アウトカムズ、例　卒業後の日本語能力を生かした就職率)までを含めて評価することもある。
　一方、プログラムが実施途中の段階であれば、予定どおりに進行しているか、そのプロセスも評価の対象となる。あるいは成果を生み出すためのシステムのあり方全体を検討することもある。

また会計監査の観点からは、得られた成果に対するVFM（=Value for Money 支出に見合った価値）や、3E（economy 節約、efficiency 能率、effectiveness 有効性）に焦点を当てることもある。

2.4.6　評価目標、評価課題、下位の質問

評価の計画にあたっては、2.4.1項で取り上げた、評価を行う「目的」のもと、「評価目標（evaluation objectives）」「評価課題（evaluation questions）」「下位の質問（subquestions）」を階層的に設定する。

「評価目標」とは、評価において何を明らかにしようとするかの記述である。以下は、2.4.1項の2つの評価目的それぞれに対しての典型的な評価目標例である。

1. 説明責任の追求
    - どのような成果を挙げたか
    - 最初に設定した目標を達成したか、あるいはどの程度達成できたか
    - どのようなインパクトを与えたか
    - VFM（=Value for Money 支出に見合った価値）があるか
    - プログラムの実施過程において、予定通りのプログラムが実施されているかどうか
    - 目標達成までの過程は効果的、効率的であったか

2. プログラムの改善のため、あるいは次のステップに向けた意思決定のための情報収集
    - 次にどのようなプログラムを立案、実施したらよいか
    - 現行のプログラムを存続する価値があるか
    - より高い成果を挙げるためにどのような変更・改善をするとよいか

「評価課題」は、上記の評価目標を具体的にどのような観点で評価するか、質問文形式で表したものである。この評価課題への答えを導き出すために、情報を収集しデータを分析することこそが評価作業とも言える。Rossi他（1999, pp.87-88）は、評価内容ごとに次のような評価課題例を挙げている。

1. プログラムが提供すべきサービスのニーズに関する質問
    - 焦点となっている問題は、どのような範囲に渡る、どのような性質のものか
    - サービスを必要とする人々の特性はどのようなものか
    - サービスを必要とする人々は何をもとめているか
    - どのようなサービスが必要か
    - どのぐらいの時間単位で、どの程度のサービスが必要か
    - サービスを必要とする人々に、どのような形・方法でサービスを提供するべきか

2. プログラムの企画あるいは構成に関する質問
    - どのグループの人々にサービスを提供すべきか
    - どのようなサービスを提供すべきか
    - サービスを届ける最良の方略は何か
    - プログラムとしては、サービス対象者をどのように見つけ出し、取り込み、かつ維持するか
    - プログラムはどのように構成されるべきか
    - プログラム実施のために、どのような資源が必要かつ最適か

3. プログラムの運営およびサービス提供方法に関する質問
    - プログラムの運営の目標を達成できているか
    - 対象と目される人々に予定どおりのサービスを提供できているか
    - サービスを必要としているのにサービスを受けられない人々がいるか
    - サービス受益者のうち、十分な数の人々が予定されたサービスを最後まで受けることができているか
    - サービス受益者たちは、サービスに満足しているか
    - 統括、組織運営、人事管理はうまく機能しているか

4. プログラムの成果(アウトカムズ)に関する質問

・当初の目標は達成できているか
　　　・サービスの受益者に効果はあるか
　　　・サービス受益者間で公平なサービスが与えられているか
　　　・サービスを提供することにより、当初の問題は改善されたか

5. プログラムの費用および効率に関する質問
　　　・資源は効率的に利用されたか
　　　・得られた利益／成果に比して、かかった費用は適切か
　　　・同程度の利益／成果をもっと廉価で達成できる別の方策はなかったか

　評価課題をその質問意図によって分類することもできる。GAO (1991, p.7) では、次の3つの種類に分類し評価課題例を挙げている。
　a. 記述的質問（descriptive questions）
　　　例　1990年に Medicaid プログラムで医療費補助を受けた住民の数は何名か
　　　　　原子力発電所建設にかかった費用はいくらか
　b. 規範的質問（normative questions）
　　　例　航空安全基準に照らした違反件数は何件か
　c. 因果関係的質問（impact (cause-and-effect) questions）
　　　例　新生児の体重増加傾向の何パーセントが連邦栄養改善プログラムの成果と言えるか
　上記の分類は、2.4.7項で後述する評価デザインの選定に関わるものである。
　このような評価課題は、評価の依頼者が前もって指定すること（例 British Council が資金援助をするプログラムで予定された成果が達成されているか）もあれば、プログラムに関わる利害関係者の意見を参考に評価を担当する者が中心となってまとめていくこともある。
　「下位の質問」とは、各評価課題をさらに細分化し、個別の状況に即した表現を用いて記述したものである。この段階で十分に具体的に表現できてい

れば、そのままの記述を実際のアンケートなどで用いることも可能である。表現がまだ十分に具体的でなければ、これをさらにもう一段階細分化し、より具体的な表現で記述していけばよい。

　以上のように、評価計画においては「評価の目的」のもとで、「評価目標」―「評価課題」―「下位の質問」が階層構造を成している（図2–3）。このように、抽象的に表現されている評価の目的・目標を具体的な質問文に変換する作業を行うことで評価の目的を見失うことなく体系的な評価が実現可能になるわけである。これが階層構造の大きなメリットである。

　評価計画において、特に評価課題を設定する際には、いくつか留意しなければいけないことがある（Frechtling, 1993, pp.16–18; Rossi 他, 1999, pp.83–84）。

　そのひとつは、評価の目的、目標と評価課題の整合性である。これらの間での整合性が取れていないと、どんなに膨大なデータを集めて評価を行っても、本来の目的や目標を達成することができなくなる。

　2つめは、現在の段階で回答可能な形で設定することである。そのためにはどのような情報を収集すればよいか、どのようなツールを用いればよいかを見据えて評価課題を設定することが大切である。

　もうひとつは、評価作業のために与えられた時間、人力および資金源で、回答が出せる範囲で設定することである。ある期限までに意思決定をすることを前提に行われる評価が、設定された期限までに結論を出せなければ本来

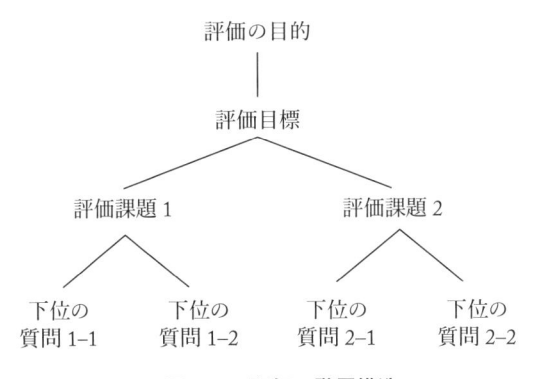

図 2–3　評価の階層構造

の目的を達成したとは言えない。

2.4.7　評価方法とデザイン

　プログラム評価にも、一般の研究方法と同じように、標本調査、事例研究、実験計画法、資料調査など上述の評価課題への回答を得るための評価実施方法がある。標本調査とは、対象となるサンプルを全部調査する全数調査（悉皆調査）に対して、一部のサンプル（標本）を取り出して調査し全体を推定しようとする方法である（大谷他, 1999, p.104）。世論調査や政党支持率調査などがこの例である。事例研究は、「ごく少数の特定のケースについて過去から現代までの限定的なテーマに関する体系的なデータを収集し、それを整理して記述し解釈する方法」（岩永他, 1996, p.29）である。社会学分野でよく用いられる方法で、個別の事例の特性に焦点を当てて評価を行うことができる。実験計画法は、「ある行動がなぜ生じたかという因果関係に関する仮説を検討する手段」（高橋他, 1998, p.171）で、基本的には無作為に選ばれたほぼ同質の2つ以上のグループのひとつにある働きかけ、すなわちプログラムにおけるサービス提供を行い、それによって従属的に変化する反応の結果をその他のグループの結果と比較対照する。これは教育学や心理学分野で開発された方法である。資料調査とは、直接対象者から一次的なデータを収集するのではなく、すでに存在する別のデータ、たとえば実績報告書や白書、テストスコアなどを利用して評価課題を検討する方法である。

　このような評価方法を、評価の目的や課題、実施条件に応じて、さらに具体的な全体構成あるいは枠組みとして示したものが「評価デザイン」である。
　GAO（1991, pp.28–29）では、評価方法別に代表的なデザイン例を紹介している。また、2.4.6項で取り上げた評価課題の3タイプ（記述的質問、規範的質問、因果関係的質問）との関連や、2.4.9項で詳述するデータのタイプ（量的か質的か）についても言及している。これらをひとつの表にまとめると以下の表2–3のようになる。

表 2–3　評価デザイン

評価方法	評価デザイン	評価課題タイプ	データタイプ
標本調査	横断的調査（cross sectional） パネル調査 基準準拠（criteria-referenced）	記述的 / 規範的	主に量的
事例研究	1 事例 複数事例 基準準拠（criteria-referenced）	記述的 / 規範的	主に質的 量的もあり得る
フィールド実験[11]	実験（実験群―統制群） 　（true experiment） 非等位比較グループ 　（nonequivalent comparison group） 時系列（事前―事後） 　（before and after）	因果関係的	量的 / 質的
入手可能データ利用	二次的データ分析 評価統合[12]（evaluation synthesis）	記述的 / 規範的 / 因果関係的	主に量的 質的もあり得る

　標本調査における横断的調査デザインとは、時間軸上のある一時点において、集団間の特性（例　性別、年代別、職種別など）の違いによって、ある指標がどのような差異を示すかを見るものである。パネル調査とは、異なった時点で同一の被調査者に同じ質問をし、個人の意見の変化をみようとする調査法を指す（大谷他, 1999, p.146）。基準準拠のデザインとは、事前に設定された基準に照らして評価対象がどのような成果を挙げたか標本調査を行う方法である。たとえば、完全に麻薬使用を停止することを目標に定めた麻薬使用矯正プログラムにおいて、受講者のあるグループを対象に完全に麻薬使用を断ち切ることができた人数を見る場合などである（GAO, 前掲, pp.36-37）。

　事例研究の 1 事例デザインでは、ひとつの事例で何が起こったかを記述し、ある特徴を見いだすのに対し、複数事例デザインでは、それに加えて事例間での比較対照もできる。基準準拠デザインでは、上述の標本調査での場合と同様であるが主に質的データを用いている場合を指す。

　フィールド実験、すなわち実験計画法のうち、true experiment と呼ばれる基本的な実験デザインでは、母集団から無作為に選ばれた同質の実験群（あ

る働きかけ＝プログラムでのサービス提供をするグループ）と統制群（働きかけのないグループ）において、働きかけによる要因以外の条件をすべて同じにして働きかけの成果を見るものである。それに対し、非等位比較グループデザインでは、統制群のグループが無作為抽出で選ばれていないことが実験デザインとの違いである（GAO, 1991, p.39, pp42-44）。時系列デザインとは、同じ対象グループにある働きかけをする前後での状況の差異に注目するものである。

入手可能データ利用の二次的データ分析とは、すなわち上述の資料調査を指す。そして評価統合とはすでに実施された同様な評価結果との比較を行うデザインのことである。

実際の評価において評価デザインを決定するためには、設定された各評価課題の特性や得られるデータ収集方法の機会、条件、たとえば厳密に比較対照可能な等質の実験群と統制群を得られるかなど、総合的に勘案することが必要である。したがってひとつの評価においては、用いられるデザインはひとつとは限らず、いくつかが組み合わされて実施されることも多い。

2.4.8 評価手法とツール

評価の大枠となる評価方法とデザインが決まったら、具体的な作業方法を示す評価手法やデータを収集するための道具であるツールを検討する。代表的な評価手法やツールには次のようなものがある。これらを評価課題に応じて単独あるいは組み合わせて用いることになる。

　テスト＝筆記テスト、口述テスト、実技テスト、実地テストのようなツールを用いる手法

　サーベイ＝調査票（アンケート用紙）調査、チェックリストなどのツールを用いる手法

　面接調査＝個別インタビュー、フォーカス・グループ（共通の特性を持った10-12人を対象に行うグループインタビュー）による手法

　参与観察＝「調査者、観察者が、特定の生活形態や行動様式を持つ被調査者と同じ生活行動に参与しながら、参加者の目で実態を観察し、その社会的意味を考察していく調査方法。被調査者とその行動を日常のありの

ままの状態で把握することが可能となり、全体的な文脈から調査対象を見ることができる」(岩永他, 1996, p.29)。

ドキュメント分析＝日誌、種々の記録や資料、公文書などを用いて資料分析をする手法

費用便益分析(cost-benefit analysis)＝政策などによるプログラムやプロジェクトの実施によって生じた「社会的便益と社会的費用を推定または測定し、それを貨幣価値で表示して比較を行う」こと(政策評価研究会, 1999, p.94)。ここでの貨幣価値とは、たとえば、あるプログラムサービスを受けた人がその後生涯にわたって得ることができる給料の金額などである。便益と費用の差がプラスで大きいほど良いプログラムということになる。

費用対効果分析(cost-effectiveness analysis)＝「社会的費用や社会的便益について、必ずしもすべてを貨幣価値で表示することなく比較する手法」(政策評価研究会, 1999, p.102)。ここで言う貨幣価値以外の表示方法としては、プログラムのサービスによって救済された人数や関連事件数の増減数などさまざまなものが考えられる。

ベンチマーキング(benchmarking)＝ビジネスや自治体評価で利用されている手法で、対象となる活動のプロセスに類似した事業/プログラムで、「ベスト・プラクティス(best practice)」と呼ぶに値するものを、模範あるいは目標値として定めて、自らの事業/プログラムの成果を目標値と相対比較する方法を指す。自治体評価の例では、ごみ収集事業の処理トン数に対する経費などを同規模サイズの都市のデータと比較するようなものがある(大住, 1999, pp.176–184)。

2.4.9　データの特性(種類、量的データ/質的データ)

評価においては、さまざまな種類のデータを利用することが可能である。それぞれのデータの特性を見極めておくことが、次項で論ずるトライアンギュレーションの実現を可能にする。本項ではデータの持つさまざまな特性を考察する。

まず、収集方法の違いによるデータの分類を試みる。Owen(1999,

表 2-4　収集方法によるデータの分類

収集方法	例
情報源の個人から直接収集するデータ	自己報告 　日記、挿話的記録 　チェックリスト、一覧表 　アンケートの段階評価、選択式回答、自由記述の回答 　インタビューの回答 個人の成果物 　テスト　自分で回答を考える場合＝エッセイ、文完成、短い答え、問題解決 　　　　　回答を選ぶ場合＝多肢選択、正誤、マッチング、ランキング 　作品、実技、実演
中立な観察者により集められるデータ	文字記録 　観察日誌、フィールドノート 　評価尺度による判定記録 　チェックリスト、一覧表
機器によって収集されるデータ	オーディオテープ ビデオテープ 撮影時に時間差のある写真 その他　コンピュータによって集計された回答
現存する記録	公文書（例　企画書、報告書、コース概要、決算書など） 組織の記録ファイル（例　学生記録、予算関係記録、議事録など） 個人の記録（例　閲覧を許可された書簡記録など） データベース（例　州単位で実施されるテストの成績結果など）

pp.100-101）と Worthen & Sanders (1987, Fretchling, 1993 p.20 に引用）の分類を統合すると表 2-4 のようになる。

　また評価のために収集されるデータは、量的なもの（主に数値データ）と質的なもの（主に言語データ）に分類することもできる。評価ツール別に、得られるデータの種類を量的／質的で分類したものが表 2-5 である。ただしアンケート調査のように、ひとつの方法で量的・質的データ両方を収集することが可能な場合もある。また、インタビューなどの方法で得られた質的データもコード化し、そのコードの出現頻度を数えたりして量的データに変換して分析することもある。

表 2-5　評価ツール別データの量的/質的分類

評価ツール	得られるデータ	分析の種類
テスト アンケート（選択式回答、段階評価など） チェックリスト ドキュメント分析（費用便益分析など） 事例調査（頻度、人数など）	数値データ	量的分析
アンケート（自由記述） 個別インタビュー、 フォーカス・グループインタビュー	言語的データ（コード化して数値データに変換可能）	
アンケート（自由記述） 個別インタビュー、 フォーカス・グループインタビュー 事例調査 参与観察 ドキュメント分析	言語データ	質的分析

量的データを用いた分析には、次のような特徴がある。
- 多数の回答対象者からデータを集めることができる。
- 事前に定めたことがらについて分析（＝見ようとするものを見る）する。
- 対象者に直接質問したり実演してもらったりして、操作を加えることができる。
- 統計分析を用いることが多く客観性が重視される。
- 得られた結果を一般化（generalization）することは可能である。

一方、質的データの分析は次の点が特徴である。
- 少数の事例を対象とする。
- 事前に何を見るかは予測がしにくい。
- 対象には直接操作を加えず、あるがままの状態を詳細に記述することに努める。
- 観察者の目を通しての記述・解釈を用いることが多く、客観性が低い。
- 個別の特性に注目することができる反面、得られた結果を一般化することは難しい。

全体的な傾向を見ることを主眼とする大規模な評価の場合は、収集できるデータの数と処理の簡便さから量的なデータが利用されることが多い。し

かし最近は、質的なデータ（主に言語データ）が生み出す豊かな情報の重要性への認識が高まってきており、計画的に量的・質的両方のデータを組み合わせて収集できる共用法（mixed method）が注目されている（Frechtling 他, 1997）。

2.4.10　トライアンギュレーション

　プログラム評価においては「トライアンギュレーション（triangulation 三角測量の意）」を重視する。トライアンギュレーションとは、「研究に複数の異なる視点を持ち込んで対象や理論を検討すること」(大谷, 1997, p.149)である。一般にアンケート調査などでは、回答率や回答者の偏り、質問意図の読み誤りなどのため、得られる回答結果にさまざまなバイアスがあることは否めない。また利害関係者グループが異なると、あることを異なった視点から捉えていることも多い。プログラム評価では、最初からそのようなバイアスが存在することを認識した上で、評価方法やデータの短所を補い評価の信頼性および客観性を高めるために、複数のツールやデータソース（回答者など）を組み合わせるトライアンギュレーションを行う。そのために、前項のようにデータの特性を吟味することが必要となる。複数の視点は、評価担当者、データのタイプ（量的/質的）、データ解釈の理論、時間や場所を多様にすることでも可能となる（Denzin, 1978; Freeman, 1998）。

　トライアンギュレーションに留意して、データを収集してあれば、ある評価課題に対し相反する結果が出た場合、どうしてそのような結果が出たのか、その理由をも吟味することが可能である。この吟味により、深く実態を洞察することが可能となり、一層事実を反映した結論を導くことができるわけである。

2.4.11　評価尺度と基準

　評価を行う場合には、設定した評価課題をどのような「尺度（criteria）」、言い換えれば「ものさし」で測ろうとするのかを明確にしておかなければならない。日本語教育を例にとれば、「日本語の能力が向上した」という場合の尺度には、語彙・文法に関する筆記テストのスコアやリスニング試験のス

コア、あるいは会話能力に関する OPI インタビューの結果などが利用できよう。実際には、これらの尺度を単独であるいは組み合わせて用いることが多い。

　そしてこの尺度を用いて、どのレベルに届いたらその成果を「成功した」あるいは「それで良し」と判断するか、そのレベルすなわち「評価基準（standards）」も明示されていなければならない。

　評価基準には、数値化されたものだけでなく「日本語で1から100まで数えることができる」「母語を交えずに、日本語だけで会話を5分間遂行できる」といった can-do statements のような行動や状況の記述も用いることができる。

　また、評価基準は「絶対的基準」と「相対的基準」に分類することもできる。前者は、英語能力を測る TOEFL のスコアを用いて「550点以上なら入学許可」というように、客観的に判断ができるものである。それに対し後者は、「A より B の方が試験の平均点が高い」のようなあくまで A と B の間でしか価値判断がつかない基準である。

　社会的な影響力の大きい評価、たとえば教育内容の認証制度（例　大学評価・学位授与機構や日本技術者教育認定機構（JABEE）などによる認証）などの場合は、認証の可不可を明確に説明するために、このような絶対的な判断基準を公示しておく必要がある。それに対して、後者の「相対的基準」は同様なプログラム、あるいはコントロールグループ（統制群）がある場合の比較で用いることになる。ただしこの場合でも、比較をする際にどの程度の差がある場合「有意な差」と判断するか、統計的手法などを利用して判断の基準を設定することが必要になる。

　プログラム評価の本来の使命は成果に対する「価値判断」であるから、Worthen 他が、

　　…without such specifications［of criteria or standards］, measurements and observations cannot be translated into value judgments.（［評価の尺度や基準］の明示なしでは測定や観察は価値判断に置き換えることはできない）　　　　　　　　　　　（1997, p.246;［　　］内は筆者が追加）

というように、評価尺度や基準が明示されない評価はその使命を果たしてい

るとはいえない。

とはいえ、明確な評価尺度や基準の設定は簡単なものではない。すでに一般的に受容されているような評価尺度が存在しない場合は、まずその尺度の選定あるいは作成から始めなければならない。しかし、ある特定の尺度を用いることが適切か、その妥当性の検討すら容易なものではない。さらに尺度が設定できても、次にどの程度なら良しとするのか、評価基準に関して利害関係者間での合意形成をすることはもっと難解なことである。どうしても客観的・合理的な基準が設定できない場合は、まず任意に設定して、同様な評価を積み重ねていくうちに、次第に「毎回ほぼこの程度」といった目安が見えてきて、基準として用いられるような経験的な基準もある。

2.4.12　メタ評価

プログラム評価においても、他の社会科学研究同様に、
- 妥当性 (validity) ＝測るべきものを測っているか
- 信頼性 (reliability) ＝何度測っても同じ結果を得ることができるか
- 再現性 (reproducibility) ＝だれが測っても同じ結果を得ることができるか
- 信用性 (credibility) ＝導かれた結論を信用できるか

といった観点で評価作業の適正さが吟味されなければならない。そのために行われるのが「評価の評価」すなわち「メタ評価」である。メタ評価の本来の目的は、当該評価が公正かつ適切に実施されたかを振り返ることである。さらに、当該評価を再吟味することで、より良い評価のありかたについての知識も深めていくことができる。

具体的に、メタ評価で検討すべき観点を挙げると次のようになる。
- 評価担当者がプログラム概要や置かれている背景を正しく理解して評価を行っているか。
- 評価すべきことがらを評価しているか。
- 評価目的に照らして、適切な評価方法、デザイン、ツール、分析方法などを用いているか。

- 評価方法やその過程が明示されているか。
- データ収集に偏りが無く、公平に行われているか。
- 適切な基準にもとづいて、論理的かつ公正な結論が導かれているか。
- 事実にもとづく報告がなされているか。
- 必要な情報が公開されているか。
- 評価報告により、一部の利害関係者が不当な批判を受けないように配慮がなされているか。
- 評価作業にかかる費用の支出は適切であったか。
- 評価作業は効率的であったか。

メタ評価のために用いる評価基準には、米国規格協会（American National Standards Institute（＝ANSI））の認可を受けた Joint Committee on Standards for Educational Evaluation（JCSEE）[13] の"The Program Evaluation Standards for Educational Evaluation"の利用が推奨されている。本書の第5章で報告する事例研究ではその第2版（JCSEE, 1994）を用いた。そして、現在では第3版（JCSEE, 2010）が公開されている（資料2-1参照）。

最新の第3版メタ評価基準では、

有用性基準（utility standards）―評価結果を利用すると意図された人々が必要としている情報を提供できたか

実現可能性基準（feasibility standards）―評価が現実的で慎重かつ関係者全体との協調関係があり、無駄のないものであるか

正当性基準（propriety standards）―評価が法律的、倫理的に行われたか、また評価対象者・組織や結果の影響を受ける立場の人々の権利や安全を保護するものであるか

的確性基準（accuracy standards）―評価対象となるプログラムの価値や功績を判定するための特性に関する適切な情報が開示・伝達されたか

評価説明責任基準（evaluation accountability standards）―適切な評価活動が行われたか、このメタ評価基準などに則ってその手続きを検証したか

という5つの観点から計30項目について、評価活動を査定する。

このメタ評価基準が生み出された経緯は、次のようなものである。

プログラム評価研究において、米国では1960年代から教育あるいは社会福祉関係のプログラムやプロジェクトが多く実施されたことに伴い、プログラム評価の数も急増した。しかし、当時はまだプログラム評価の専門家を養成する大学院プログラムなどはできておらず、教育学や心理学、社会学の研究者らがその評価を担当した。これらの研究者は、自分の背景にある学問的な手法を用いることが多く、それは必ずしも適切な評価結果に結びついていかなかった。そのために、多くの評価に対してその評価の質を問う声が高まり、多くの研究者たちが「メタ評価」の基準を発表し始めた。この動きが統合される形で、1975年 Daniel Stufflebeam の指揮のもとに、このメタ評価基準の原型が策定された (Yarbrough 他, 2005)。

ただし、このメタ評価基準は、北米を中心とする社会の価値観、たとえば人権擁護の重視、政治的圧力の排除などが強く反映されているという批判があり、国際的規模で、各地の実状に即したものを作るべきか、あるいはユニバーサルに統一されたものを作るべきかといった議論もある (Love & Russon, 2005)。したがって、The Joint Committee のメタ評価基準を利用することは義務ではないので、上述のような観点からメタ評価の目的が果たせるものであれば、自作のものを利用することも可能である。

メタ評価を行う評価担当者に関しては、本来なら当該評価に関わりのない評価専門家が実施するのが理想である。しかしこのような人材が得られない場合は、上述のような利害関係者の代表者に依頼するとよい。利害関係者にメタ評価を依頼することで、当該評価が説明責任を果たしたかどうかを確認することにもなる。そのようなメタ評価担当者も得られない場合は、評価担当者自身でメタ評価を行うべきである。客観的に自分の評価作業を振り返ることで、次に向けて評価のノウハウを高めていくことが可能となる。

2.4.13　評価の型式

本項では、これまでに述べたさまざまな要素を組み合わせて行う評価を、5つの評価型式 (evaluation forms) にまとめた Owen (1999) を概観する。2.3節で取り上げた「アプローチ」が評価の方向付け、あるいは「どのような視

点から評価をするのか」であったのに対して、この評価型式は「何を評価するためのものか」と言う問いにもとづく分類である。

Owen (1999, p.40) は評価型式として、次の5つの型式を提示している。

A 型 (Form A) = 事前対策的評価 (proactive evaluation)
B 型 (Form B) = 解明的評価 (clarificative evaluation)
C 型 (Form C) = 双方向的評価 (interactive evaluation)
D 型 (Form D) = 監視評価 (monitoring evaluation)
E 型 (Form E) = 影響力評価 (impact evaluation)

Owen は、各評価型式ごとにその目的と代表的な評価課題例、用いられる評価手法などを挙げている。

A 型 = 事前対策的評価

この型式は、プログラムが実施される前に行われる評価である。この評価の目的は、どのようにすれば最善のプログラム計画ができるか、そのための情報収集である。

代表的な評価課題には次のようなものが挙げられる。

・このようなプログラムのニーズがあるのか
・とりあげるプログラムニーズに関してすでにどのような取り組みが行われているか
・どのレベルの成果を期待できるか

これらの課題に対して、ニーズアセスメントや、過去の実績調査、ベンチマーキング (2.4.8 項参照) などの手法が用いられる。これまでニーズアセスメントは、プログラム評価とは別物として扱われることが多かったが、原理的にはこれもプログラム評価の一部である。

B 型 = 解明的評価

この型式は、すでに実施されているプログラムに対して、現在の実施方法で確実にニーズに応えられるのか、プログラムの内部構造や機能を吟味するものである。この評価は、「プログラム論理 (program logic)」あるいは「プログラム理論 (program theory)」と呼ばれる手法を用いて、プログラムの概

要を描写する作業が中心となる (W. K. Kellogg Foundation, 2001)。プログラムの関係者に対するインタビューや資料調査などの方法が利用される。また、さまざまな活動の質を吟味する認証制度もこの型式に含まれる。

以下のような評価課題が取り上げられる。
- このプログラムでは何を達成しようとしているのか、それはどの程度確実か
- どのような理由付け (rationale) のもとで目標達成と実際の活動とが関連づけられているか
- 期待される成果を挙げるために、どのようなプログラム要素を改善しなければならないか

C 型＝双方向的評価

この型式のねらいは、現場のプログラム担当者に対して、現在プログラムがどのように動いているか、あるいは変化しているかに関する情報提供で、プログラムの実施過程上での形成的評価として行われるものである。評価の結果、予定した目標達成に困難が予測される場合は、速やかに軌道修正をして対応することが求められることから「双方向的」と呼ばれる。

以下がこの型式の評価課題例である。
- 現在の活動はどのように行われているか
- プログラムの活動の成果が上がっているか
- 当初の計画どおりに進行しているか

この型式では、Stake の「対応評価 (responsive evaluation)」モデルで述べたような、プログラムで何が起こっているのかを描写するための手法 (2.3.1 項参照) や、アクション・リサーチ手法[14]、エンパワーメント評価手法 (2.4.4 項参照) などが用いられる。

D 型＝監視評価

前述の双方向的評価が、主として現場で活動に携わる当事者への情報提供であったのに対して、この監視評価は、その上に立つ組織の管理者に対して現場の様子をモニター (監視) するための評価である。数ヶ所で同様なプログ

ラムが進行する場合は、実施箇所間での進捗状況や成果の比較が行われる。
　評価課題例には次のようなものがある。
・各実施箇所で、予定通りの活動が進行しているか
・各地の進捗状況は、1ヶ月前、1年前と比べてどうであるか
・もっと効率を上げるために、どのような調整が必要か
　用いられる手法には量的評価が多く用いられるが、最近は質的評価なども取り入れて多角的に評価するようになってきている。また複数の実施箇所を統括する場合、統一的な評価手続きを設定し、定期的にその結果を本部に報告させるシステム分析(systems analysis)の手法なども用いられる。

E 型＝影響力評価
　この型式は、プログラムが終了した時点で、設定された目標がどの程度達成されたか、あるいはどのような予測されなかった成果があったかの総括的評価のためのものである。ただし場合によっては、プログラムの成果だけでなく、それがどのように達成されたかの過程にも注目した「過程および成果の評価(process-outcomes evaluations)」が行われることもある。
　以下が代表的な評価課題である。
・予定通りにプログラムが実施されたか
・設定されたプログラムの目標が達成されたか
・プログラム活動がねらいとした人々のニーズが満たされたか
・プログラムでは、経費に対して効果的であったか(cost effective)
　この型式では、目標が達成できたかの評価(objectives-based evaluation)が基本である。そのためには、実験群―統制群比較や時系列比較などのデザインがよく用いられる。しかし、予測されなかった成果についても注目するために、無目標評価(goal-free evaluation)(2.3.1 項参照)の手法も利用される。また、プログラムの効率や効果を金融面などから評価する業務監査(performance audit)の手法も用いられる。

2.5 実践的側面から見たプログラム評価(2)―評価の実施手順―

本節では、プログラム評価の実施手順を概観する。基本的な手順は表2–6に示す5段階が一般的である。

表 2–6 プログラム評価の 5 段階

1. 評価計画・準備
2. データ収集
3. データ分析
4. 報告書作成
5. 評価結果の評価(メタ評価)

2.5.1 評価計画・準備の段階：新 12 ステップ

評価実施5段階で、特に評価の内容を左右するのは「評価計画・準備」の段階である。ここで必要な作業内容は、実際には背景となる分野(例　政策評価、教育評価、経営評価など)や評価のタイプ(例　事前評価、形成的評価など)により多種多様である。

そこで、筆者は教育関係のいくつかの先行研究(Alderson & Beretta, 1992; Frechtling, 1993; Lynch, 1996)をもとに、基本的な作業内容を整理して札野(2005)で「12ステップ」[15]として提示した。その後、そのステップの順序についてさらに再検討を重ねた。その結果が表2–7の「新12ステップ」と図2–4「評価計画・準備段階の新12ステップ関連図」である。「新12ステップ」では、評価の価値判断基準となる尺度や基準に関するステップが、具体的な質問などを作成する前に明らかにされているべきであると考え、一部順序を入れ替えた。

この新12ステップでは、基本的に1から12へと順次作業を進めていく。たとえばステップ1でまず評価対象とするプログラムはどのようなものかを記述し、次のステップ2で当該評価活動は誰の視点から何を評価するのか、誰に対して報告するかを特定する。それを受けてステップ3で具体的な評価目的を設定する。

表 2-7 評価計画・準備段階の新 12 ステップ

i. 評価計画
　ステップ 1.　どんなプログラムか
　　　　　　　＝評価対象プログラムの概要・実施目的・内容の記述
　ステップ 2.　誰が関わる評価か、どの立場からの評価か、どのような性格の評価か
　　　　　　　＝利害関係者と評価報告読者の確認、評価視点の特定、評価ニーズの検討、評価の性格(形成的/総括的評価、外部/内部評価)の明確化
　ステップ 3.　何のために行う評価か、どの範囲・規模で行うか
　　　　　　　＝評価の目的・目標設定および範囲/限界の確認
　ステップ 4.　何を明らかにするのか
　　　　　　　＝評価課題の記述
　ステップ 5.　どのような評価方法・デザインを用いるか
　　　　　　　＝評価方法・デザインの検討
　ステップ 6.　どのような条件・制限があるか
　　　　　　　＝実施条件・制限(期限、時間、費用、利用できる情報源など)の確認
　ステップ 7.　どう価値判断するか
　　　　　　　＝評価の尺度および基準の設定
　ステップ 8.　どのような質問文でデータを集めるか
　　　　　　　＝具体的な下位の質問作成
　ステップ 9.　いつ、どのように評価を行うか
　　　　　　　＝評価の全体計画(データ収集手法・ツール/時期/回答者などの決定、トライアンギュレーション確認、分析方法の選定など)
ii. 評価実施の準備
　ステップ 10.　実際にできるか
　　　　　　　　＝プログラムスケジュールへの組み入れと評価計画の調整
　ステップ 11.　どのようなツールを利用するか
　　　　　　　　＝データ収集ツール(アンケート紙/インタビュー質問作成など)の作成・準備
　ステップ 12.　「協力お願いします」
　　　　　　　　＝関係者への協力要請および全体計画の修正

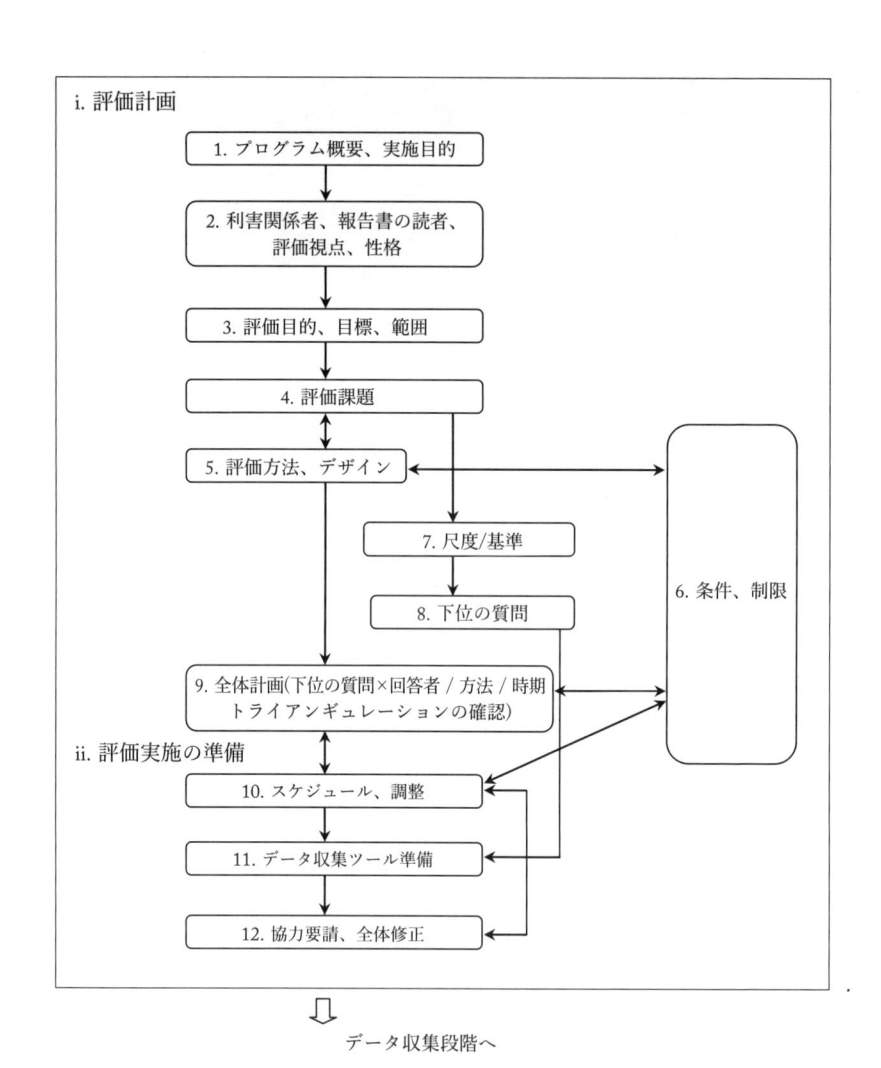

```
┌─ i. 評価計画 ──────────────────────────────────┐
│                                                │
│         1. プログラム概要、実施目的              │
│                                                │
│         2. 利害関係者、報告書の読者、            │
│              評価視点、性格                     │
│                                                │
│         3. 評価目的、目標、範囲                 │
│                                                │
│         4. 評価課題                             │
│                                                │
│         5. 評価方法、デザイン  ←──────→         │
│                       │                        │
│                 7. 尺度/基準              6. 条件、制限
│                       │                        │
│                 8. 下位の質問                   │
│                                                │
│         9. 全体計画(下位の質問×回答者/方法/時期  │
│            トライアンギュレーションの確認) ←→   │
│                                                │
│  ii. 評価実施の準備                             │
│         10. スケジュール、調整  ←───────        │
│                                                │
│         11. データ収集ツール準備 ←              │
│                                                │
│         12. 協力要請、全体修正 ←                │
│                                                │
└────────────────────────────────────────────────┘
                    ⇩
              データ収集段階へ
```

図 2-4　評価計画・準備段階の新 12 ステップ関連図

しかし各ステップでの決定事項は相互に関連したものであるため、実際にはステップ間で微調整や修正を繰り返しながら作業を進めていく必要がある。たとえば、ステップ 4 で、ある新しい取り組みが既存のものよりも効果的であるかどうかを査定する評価課題を設定したする。すると、ステップ 5 では本来、実験群／統制群配置が適切と考えられる。しかし、ステップ 6 で実施条件や制限を勘案し、統制群を設定できないと判断された場合、再度ステップ 4 に戻り評価課題を修正するか、ステップ 5 で次善の策を検討することが求められる。このようなステップ間の有機的な関連を示すと図 2-4 のようになる。両方向の矢印は、上述のようなステップ間の往復が想定される関係を示している。

2.5.2　データ収集の段階

データ源には、2.4.9 項で論じたように、アンケートやインタビューなど回答者から直接収集するデータの他に、評価担当者が記入するチェックリストやフィールドノート、ビデオ録画のような機器を利用したものなどもある。実際には評価目標や実施条件に応じてトライアンギュレーションを行うために、これらのデータ源を組み合わせて必要なデータを収集する。収集には 2.4.8 項で紹介したような手法やツールを利用することができる。

2.5.3　データ分析の段階

データ分析の方法は、本来「評価計画・準備」の段階で決定しておくことが重要である。分析方法によっては調査用紙の質問形式や回答方法などが左右されることもあるからである。

2.5.4　報告書作成の段階

この段階で、得られた結果を総合して最終的な結論を導き、それを報告書にまとめる。報告書の作成にあたり、特に報告書が公開される場合はどの範囲までの評価結果を掲載するか、どのような表現を用いるかなどについて、作成段階で利害関係者との調整を行うこともある。また、専門用語の使用や文体の選択は対象となる読者に適したものを選ぶ配慮が必要である。

2.5.5 メタ評価の段階

　最終段階は当該評価活動の評価の段階である。2.4.12項で論じたように、この段階では、公平かつ適切に評価作業が行われたか、結論は得られたデータを踏まえて論理的に導き出されているかなどを検討する。

　当該評価に直接関わりのない評価の専門家を得られる場合は、このような第三者がメタ評価を行うことが望ましい。しかし、状況によっては利害関係者の代表者がメタ評価を実施することもある。

　実施の方法について、教育関係プログラムのメタ評価ではThe Joint Committee on Standards for Educational Evaluationが策定した"The Program Evaluation Standards for Educational Evaluation (3rd ed. 2010)"を利用することが推奨されている。これは、有用性(Utility)、実現可能性(Feasibility)、正当性(Propriety)、的確性(Accuracy)、評価説明責任(Evaluation Accountability)の5つの観点から、計30項目について、評価活動を査定する方法である(2.4.12項参照)。しかし、メタ評価の本来の目的が果たせるものであれば、自作のものを用いることも可能である。

注

1　山谷では、「説明責任」を「アカウンタビリティー」と表記している。
2　客観的認識論＝科学的に客観的であり、他者が同じ手法を用いて同じ結果が再現可能である。評価の場合、評価過程は評価担当者の外部で出現し、経験によって実証できるという見方をとる。
3　主観的認識論＝知識は内在するものという考え方で、評価の場合、その過程は評価担当者の内部で出現する。評価の妥当性は評価担当者のもつ背景や資質、ものの見方の鋭さに由来すると考える。
4　実証主義＝… the nature of what there is to know is independent of the mind and can be known "as it really is." (知るべきものとして存在するものの本質は、精神とは独立したものであり「本当に存在するもの」として知覚することができる。)(Lynch, 1996, p.16)
5　自然主義　＝… the nature of what there is to know, as something that depends on mind and interpretation. (知るべきものとして存在するものの本質は、精神と意味の解釈に依拠

したあるもの）(Lynch, 1996, p.16)
6　ここで参照している Worthen 他 (1997) では、「参加者指向アプローチ (participant oriented approach)」と呼んでいるが、本論では「目標 (objectives)」に対立した Brown (1995) の「過程指向アプローチ (process oriented approach)」という呼び方を採用する。
7　「対審」＝訴訟において、対立する当事者が裁判官の前で主張を闘わせることによって進められる審理方法。民事訴訟では口頭弁論、刑事訴訟では公判期日の手続きがこれに当たりいずれも公開を原則とする。（大辞林（三省堂）より）
8　国際協力事業団による JICA 事業評価では、事前 / 中間 / 終了時に加えて波及的効果をも対象とした「事後評価」も行っている。（国際協力事業団, 2001）
9　この手法では、外部の評価専門家のガイダンスおよび助言のもとでプログラムに関わる内部者全体、たとえば大学であれば教員のみならず学生や職員、PTA などの立場からそれぞれ評価担当者を立て自らの活動の評価を行う。そして活動上の問題点を見極め、その解決に向けての合意形成を目指す。この手法は、プログラムの運命は当事者自らが決めるべきであるという主張に基づいたものである。外国語教育での類似の評価例に Alderson & Scott (1992) らの participatory model がある。
10　日本技術者教育認定機構（JABEE ＝ Japan Accreditation Board for Engineering Education）が行う専門認定（professional accreditation）制度。大学など高等教育機関で実施されている技術者教育プログラムが、社会の要求水準を満たしているかどうかを外部機関が公平に評価し、要求水準を満たしている教育プログラムを認証する。
11　GAO は、「フィールド実験」という表現を用いて「実験計画法」を示している。
12　別々に実施された評価結果を統合して評価すること（GAO, 1991, p.50）
13　この Joint Committee は、もともと米国とカナダの 16 の教育関係団体が集まったものである。第 3 版の策定には、17 の団体が関わっている。
14　横溝 (2000, p.17) は「アクション・リサーチ」を「自分の教室内外の問題及び関心事について、教師自身が理解を深め実践を改善する目的で実施されるシステマティックな調査研究」と定義している。
15　札野 (2005) では、以下のような順序の「12 ステップ」を提唱した。なお、5 章の事例では、この以前のものを踏まえている。
　　i.　評価計画
　　　ステップ 1.　評価対象プログラムの概要・実施目的・内容の記述
　　　ステップ 2.　利害関係者と評価報告読者の特定、評価ニーズの検討、評価視点の明確化
　　　ステップ 3.　評価の目的・目標設定および範囲 / 限界の確認
　　　ステップ 4.　評価課題の記述

ステップ 5. 評価の性格(形成的/総括的評価、外部/内部評価)の明確化と評価方法・デザインの検討
ステップ 6. 実施条件・制限(期限、時間、費用、利用できる情報源など)の確認
ステップ 7. 具体的な下位の質問作成
ステップ 8. 評価の全体計画(データ収集手法・ツール/時期/回答者などの決定、トライアンギュレーション確認、分析方法の選定など)
ステップ 9. 評価の尺度および基準の設定

ii. 評価実施の準備
ステップ 10. プログラムスケジュールへの組み入れと評価計画の調整
ステップ 11. データ収集ツール(アンケート紙/インタビュー質問作成など)の準備
ステップ 12. 関係者への協力要請および全体計画の修正

3章
外国語教育におけるプログラム評価の動向

　3章では、まず2.2節で取り上げたプログラム評価の歴史的発展経緯に関連して、外国語教育研究の中でプログラム評価がどのように取り扱われてきたか、そのようすを論じる。3.1節で取り上げる1960–80年代前半までの時期は、当初プログラム評価への期待は高かったが、研究手法のまずさが原因で、次第にその期待が失われていった時代だったと言える。3.2節で取り上げる80年代後半以降は、社会全般での評価への認識の高まりの影響を受けて、外国語教育研究分野でもプログラム評価の重要性が再認識され注目が戻ってきた時代である。

　続いて3.3節で、1990年代に報告された英語教育プログラムでの評価事例を2つ取り上げる。最初は、評価の専門家と現場の教師の協力のもとに実施された形成的評価の例である。もうひとつは、英語プログラムのコーディネーターと現場の教師の共同作業による総括的評価の例である。後者の例では、量的分析と質的分析の両方を組み合わせたことの効用を検討していることも、ユニークな点のひとつである。

　最後に3.4節で、現代の外国語教育におけるプログラム評価の特徴を考察する。

　本章では、外国語教育研究の中でのプログラム評価の変遷を踏まえつつ、2つの実践例を通して現在の外国語教育プログラムでの評価のあり様を描いていくことを目的とする。

3.1　1960–80 年代前半の外国語教育プログラム評価の実状

　外国語教育研究分野におけるプログラム評価は、Beretta (1992, pp.6–7) が 1963 年を始まりの年として挙げている。Beretta は、Agard & Dunkel (1948) および Carroll (1963) の研究に示されているように、それ以前はほとんどプログラム評価に関する活動の実績は見当たらないと言う。1963 年が始まりの年であるとする理由は大きく分けて 2 つある。ひとつめの理由は、教育学分野での転機である。1963 年は、Campbell & Stanley (1963) の実験計画法による研究デザインに関する論文と Cronbach (1963) の「評価を用いて授業を改善する」というテーマの論文が発表され、その後の教育学研究のあり方が大きく変化した年だからである。そしてもうひとつは外国語教育分野での転機である。この年に、Keating (1963) が外国語教育において初めて大がかりな評価を実施し、それからいくつかの大規模評価が行われたからである。

　では、Beretta の論考をもとに、Keating をはじめ、いくつかの代表的な外国語教育プログラムでの評価の例を見てみることにする (1992, pp.6–8)。

　Keating は、全米 21 学区の 5,000 人以上の生徒を対象として、フランス語学習で当時注目を浴びていたランゲージ・ラボラトリー (以下 LL と略) を用いたグループ (＝実験群) と用いないグループ (＝統制群) との成果の比較を行う大がかりな評価を実施した。そのねらいは、LL 利用の優位性を示そうというものであったが、結果は皮肉にも、統制群の方が良い成績を挙げてしまった。さらに、その実験手法についても、Smith (1970) をはじめ多くの研究者から批判が浴びせられた。その批判の内容は、実験群に対し LL を用いてどのような指導が行われたのか、また統制群に対しても協力学校全体で厳密に教授内容をどのように統制していたのかなどが明示されておらず、実験の妥当性に大いに疑いがあるというものであった。Keating 自身もその不手際を認め、ほとんど反論できなかった。

　Keating に続き、Scherer & Wertheimer (1964) も「コロラド・プロジェクト」として広く知られるドイツ語教育での大がかりな評価を行った。このプロジェクトはオーディオリンガル教授法と認知学習法の比較を行い、双方の特長を科学的に明らかに示すことを目的としたものであった。しかし、厳密

な実験手法に則った計画のもと始まったプロジェクトであったが、不幸なできごとが続き計画はあえなく失敗した。その失敗のひとつは、あるメディアが、多額の税金を用いて設置された LL を利用するオーディオリンガルグループの方が学習の効果が上がるとして、認知学習法グループの生徒やその親たちの不公平感を煽ったことである。その結果グループ分けが混乱した。さらに、学校内の試験会場が予定した時期に利用できなかったため、試験の実施時期が大いにばらつき、グループ間での結果の比較が無意味なものとなってしまった。結局、厳密な実験計画は破綻し多額の税金が無駄になった。

　前述の Keating を批判した Smith (1970) 自身が行った「ペンシルバニア・プロジェクト」も、フランス語およびドイツ語教育での認知学習法との比較において、オーディオリンガル教授法の優位性を示そうとするものであった。このプロジェクトでは授業観察も用いられたが、そもそもこの 2 つの教授法を比較しようにも、本来全く異なる理念から成るものを比べようがなかった。用いられた評価の尺度も不公平なものであった。たとえばどちらの方が流暢に話せるようになるかといった尺度は、最初からオーディオリンガルの優位性が予測されるようなものである。その結果、この評価プロジェクトも無意味な成果しか挙げることができず、税金の無駄遣いと非難を浴びた。

　これらに代表される当時の評価では、教育学での実験計画法華やかなりし時代の影響を受けて、実験の設定における厳密な統制が不十分であることに非難が集中した。そのため次第に完璧な実験を行うことが評価の主目的になってしまい、本来の外国語教育プログラムの現実とはかけ離れた「統制された」状況での評価が行われるようになっていった。さらに、当時は評価を行う者が最初からある教授法の優位性を示すことをねらいとしており、プログラムのありのままを見ようとする姿勢は全く見られなかった。結局、これらの評価プロジェクトには多額の資金がかかったにもかかわらず、有益な結果を得ることができず、次第に評価そのものが注目されなくなっていった。当時は、2.2 節で述べたように、スプートニク・ショックや納税者に対する説明責任という観点から、教育学の分野などではプログラム評価の重要性が高まっていった時代であったことを考えると、外国語教育でプログラム評価への関心が失われていったことは当時の動きとは対照的であったと言える。

ただし、70年代以降、British Councilのような海外資金援助組織では、外国語教育の専門家を招聘し資金提供をしている英語教育プログラムなどにおいて、プログラム評価は継続されていた。しかし、これらの評価の結果は限られた読者にしか公表されていなかったため、外国語教育研究ではプログラム評価はほとんど顧みられない状況になっていった。

3.2　1980年代後半以降の動向

1989年の、ベルリンの壁の崩壊以降世界の冷戦構造が崩れ、米英をはじめとする大国では以前よりも自国内の問題に目を向けることになった。そして、社会のさまざまな面で税金がどのように使われているか、どのような成果が挙がっているかについて説明責任を求める世論が強くなっていった。一足早く1985年に米国でアメリカ評価協会(American Evaluation Association)が設立されたのに続き、1991年にカナダ(Canadian Evaluation Society)、オーストラリア・ニュージーランド・東南アジア(Australasian Evaluation Society)、94年に英国(UK Evaluation Society)、ヨーロッパ(European Evaluation Society)などで評価を専門とする学協会が設立された。

またこの頃、高等教育を中心とする教育システムの認定制度を整備する動きもあった(Rea-Dickins & Germaine, 1998, pp.4–5)。これらの制度例には、英国のHigher Education Funding Council for England(HEFCE)、米国のCouncil for Higher Education Accreditation(CHEA)などがある。

このような社会の動きが追い風となって、1980年代後半からは外国語教育の分野でもプログラム評価への認識が高まり始めた。具体的な動きのひとつは、相次ぐ外国語教育分野でのプログラム評価に関する研究書の出版である(Alderson & Beretta, 1992; Lynch, 1996; Rea-Dickins & Germaine, 1998)。また実際の評価例の報告も、以前より多く公表されるようになった(Walsh他1990; Low他, 1993; Kiely他, 1994; Kiely他, 1995)。

主に90年代に行われた評価例の概要を分析したRea-Dickins & Germaine(前掲, pp.5–11)は、それらの評価における次のような4つの特徴を指摘している。

（1）評価目的が多様化している。単に、外国語がどの程度習得されたかだけでなく、プログラムの実施により周囲にどのようなインパクトがあったか、かかった費用に対してどのような成果が挙がったか（Value for Money）、政策として外国語教育プログラムを今後どのように実施すべきか、あるいは改善するべきかなど、社会的影響や行政的成果なども含まれた評価目的となっている。
（2）評価の目的および利害関係者の評価活動への関与の度合いによって、外部の評価の専門家の役割が異なっている。たとえば教員や職員などが積極的に評価に関与する場合、評価の専門家は助言者的な役割をになっている。それに対し教職員らがデータ収集に協力する程度の場合は専門家が外部者の立場から評価を行っている。
（3）以前は、評価手法としてテストが主流であったが、パフォーマンス課題、観察、アンケート、インタビューなど多様な手法が用いられ、トライアンギュレーション（2.4.10 項参照）が進んだ。
（4）外国語を教育するという専門性の中に、プログラム評価を取り込むことの重要性が認識された。そして評価が一時的な活動でなく、コース／カリキュラム開発の一部として見なされるようになってきた。

これらの特徴について、次節で、前出の Rea-Dickins & Germaine (1998) の分析対象とされた英国人 Alderson & Scott (1992) の例と、それには含まれていなかった米国人 Lynch (1992) の例を取り上げて検証を試みる。

3.3　外国語教育プログラムでの評価例

本節では、80 年代後半以降に実施された外国語教育プログラムでの評価例 2 例を概観する。最初の例は、評価の専門家が助言者の立場を取って、現場の教師たちが評価を行おうとした例である。もうひとつの例は、実験デザインによる量的手法とインタビューや観察による質的手法を組み合わせた英語教育の専門家たちによる評価例である。

3.3.1 Alderson & Scott (1992) の評価例

これは、ブラジルの English for Specific Purposes (以下 ESP) プロジェクトでの評価の報告である。

このプロジェクトは、1970 年代に国立大学を中心に行われていた ESP 教育で、現場の担当教師たちが教育技術や教材開発についてもっと勉強したいと要望した声から始まった。その要望を受けて、当時ブラジルの大学に British Council (以下 BC) から派遣されていた英語教師 Maurice Broughton らが、BC の支援のもと 1979 年に教師トレーニングプロジェクトを開始した。これは、トレーニングを必要とする教師達が BC から派遣された講師のもと、セミナー形式で研修を積むという形の活動である。そして、特にプロジェクトを指揮する中心的組織はなく各地の大学の教師達のネットワークをベースに活動が進むという特徴を持ったプロジェクトであった。

このプロジェクトでは、当初教材開発、教師トレーニング、リソース・センターの設置を活動の目的として掲げていた。しかし、3 つの目的の中でも特に教材開発を主たる目的としていたが、関係者の間で教材そのものを作って現場に渡すよりも、ESP を理解し自分たちで教材を作れるような教師の養成が先という認識変化が生まれ、活動の重点がそちらに移ることになった。この頃、この評価報告者の一人である Scott は、教材開発の専門家として BC より招聘されこのプロジェクトに関わることになった。

さらに、この頃ブラジルでの ESP 教育では、もうひとつの大きな転換が見られた。70-80 年代当時のブラジルでの専門英語教育の方法は、まず文法および文型の指導、その上で専門語彙などを学習させようとするものであった。しかし、現場で指導にあたっていた BC 派遣教師らは、ブラジルの学生たちには、文法理解能力に加えて読解技能も不十分であることに気がついていた。それで、Scott らは、文法を重視した指導よりも、実際の専門文献を用いて、読解技能を指導しながら専門的な英語の理解を進める方法を提唱した。

このような状況のもと、読解技能指導を中心とした専門英語教育ができる教師養成という目的達成のために各大学、地域、全国レベルでの研修セミナーが実施されていった。

その後、このようなセミナー活動を通して実力をつけていった現地教師らは、次第に、教材開発などを中心とする専門英語教育のための研究活動も始めていった。そして 1984 年に研究活動の一環として、このプロジェクトの成果を評価してみようとの動きが生まれてきた。元来このプロジェクトは、BC の資金援助を受けている活動であるから、それまでにも BC などに対しての「監査」的な評価は行なわれていた。しかし、ここで生まれてきた動きは、それをもっとプロジェクト活動の改善のために役立てられるような評価にしようという試みであった。

　そして 1985 年秋、BC の派遣で Alderson がブラジルに着任することからこの評価が始まった。当初の BC の計画では、専門家の Alderson による外部者評価であった。しかしこの形式は、外部の評価専門家がある団体からの依頼で、プログラムやプロジェクトの実施地に短期間滞在し調査・報告をまとめる形式の評価で、「The Jet-In Jet-Out Expert 評価（= 専門家がジェット機でやってきて、表面的にだけプログラムを見てさっさとジェット機で帰ってしまう評価、以下 JIJOE）」と揶揄されるものであった。この方法は、専門家による評価ではあるが、しばしば内部事情が正しく理解されないまま、この専門家の経験や個人的な解釈などにもとづいて結論が出されることが多いという欠点がある。このブラジルのプロジェクトは、上述のように目に見える形での組織による活動というよりも、人々のネットワークをベースとした活動であったことから、Alderson は JIJOE ではこの活動を十分に評価できないと判断した。それよりも、評価の目的を考えると、Alderson は評価のコンサルタント役に徹して、現場の教師たちに評価を主体的に実施してもらうことが有意義と考えた。さらに 1985 年に、それまで ESP スペシャリストとして参加していた Scott が、この活動のコーディネーターの役についていたことから、この評価の内部者の一人として英国人を活用することも可能となった。そして、最終的にこの形での評価について BC から了承を取り付けることもできた。

　この評価では、プロジェクトがどのように機能しているかをチェックし、現状を改善することが主目的であった。これはいわゆる形成的評価で、2.3.13 項で取り上げた Owen の評価型式では、C 型＝双方向的評価にあたる。ま

た、BC は海外資金援助(ODA)として英国国民の税金を使っている組織であるから、費用に見合う価値(Value for Money)があったかどうかを検討することももうひとつの目的とされた。

評価の計画段階では、まず最初に教師間でどのようなカテゴリーで質問を作成するかについてブレインストーミングが行われ、次の11のカテゴリーが決められた。その後、これらのカテゴリーの質問内容を細分化して、具体的な質問が作られた。

プロジェクト実施状況	1 プロジェクトに対する関係者の態度と意欲
方法論	2 今回用いられたESP教育方法論とアプローチ
	3 クラスルーム・マネージメント
方法論の活用状況	4 教材
プロジェクトの成果	5 学習の成果(学生たちの学習内容)
	6 外部者へのインパクト
教師トレーニングの実施	7 職務上でのトレーニング
	8 出版物
	9 教師による研究活動
アイディアや体験情報の交換	10 プロジェクトの運営
	11 リソース・センター

評価のデザインは、横断的な標本調査である。主として用いた評価ツールはアンケートと個人/グループインタビューでテストスコアや観察データは用いられなかった。アンケートやインタビューの回答者グループは、プロジェクトに参加した教師121名と、彼らの所属大学23校のうちの20校の、現役英語教育プログラム学生2,066名、卒業生233名、専門科目担当教員143名などである。

詳細は報告されていないが、Alderson & Scott (1992)によれば主たる結果は次のようであった。

・教師も学生もプロジェクトの教材、教授法に満足している。特に、教授法は教師と大学院生に良い評価を得ている。

・学生たちは、教材の内容が彼らの関心に合っている、英語力、特に読解力が向上したと感じている。
・全体としては、プロジェクトで推進した教授法が利用されているが、各学校ごとにやり方が異なっているものと推測される。
・教師教育について教師自身らは満足している。
・プロジェクトの実施方法、参加者間のコミュニケーション方法も最適である。
・出版物も便利である。リソース・センターの存在も必要を満たしてくれている。しかし、センターまでの距離が遠いので、理想とするほどは利用していない。
・このプロジェクトの存在は、ブラジル全体の英語教育界に対して、プラスのインパクトを与えたと多くの人々が考えている。英国の英語教育専門家の貢献もあったが、ブラジル人の教師たちが自分たちでプロジェクトを運営し発展させようという責任感を感じて、行動を始めたということが大きな成果である。特に、教師たち自身は、海外の専門家からのアドバイスや資金援助はそのうちなくなるものであるから、自立するために自分たちで行動し始めたことは今後プロジェクトを続けていく上で重要であると認識している。

メタ評価では、「トライアンギュレーション」により、多角的な視点からの解釈が実現できたことを長所として挙げている。「トライアンギュレーション」とは、2.3.10項で述べたように、異なるツールや異なる情報提供者を用いて、同じことがらを検討することである。この評価では、アンケートとインタビューを組み合わせて、プロジェクト参加教師のみならず、これらの教師に指導を受けた学生や、その学生達を指導する専門課程の教員らからも回答を得ている。

さらに、現場の教師たちが評価の方法を習得できたことも利点であったという。今回の評価において評価の専門家(＝この報告の著者)は、実際にこのプロジェクトに関わっている教師たちに、どのように評価をするかの指導と途中のアドバイスを行っただけで、計画や実際のデータ収集を行ったのは教師たちであった。この方法は、評価を完了するまでに時間がかかるが、評価

の方法を教師たちに理解してもらえるというメリットがある。それにより、評価の専門家がいなくても継続して評価を続けることができるわけである。

一方、問題点としては次のような点が指摘された。
- 各回答者グループに対するアンケート調査用紙で、共通の質問を作ったつもりであったのに、質問が抜けていたり表現が変わっていて、回答する際の視点が変わってしまうようなものがあった。
- 回答者グループ間での回答数が、予想していたほど集まらずアンバランスなものになってしまった。すなわち、このプロジェクトに参加しなかった教師からの回答が非常に少なかった(36名)。また、大学全体でプロジェクトに参加していないところからは回答が皆無だった。
- 回答してくれた学生や専門課程の先生などがどのように選ばれたのか不明な部分が多い。
- やはり数的データ＝アンケート調査が一番実施しやすいし、結果がわかりやすい。
- 質的データ＝インタビューやディスカッションなどは有用だが、それぞれのインタビューなどが別々に実施されていたので、出てきたひとつひとつの意見を比較し、他の意見と関連づけるということが難しい。
- プロジェクトのアイディアや概念がどのくらい教室で実現されたかについては、ディスカッションやインタビューで回答があったものの、通常、人が言うこととすることはかなり隔たりがあるものだから、これらの意見の裏付け、確証として、教室での観察(classroom observation)をやっておけばよかった。この部分について実際にはやらなかったので、報告にまとめる場合、推測でしか書けなかった。
- 学生の学習の成果を独立して測ったデータが得られなかった。これは、共通に学習の成果を測ることができるようなテストが存在しなかったし、大学間での学習状況が異なり過ぎたことによる。またテストでは、学習の成果を確実に測ることができないのではないかという恐怖感もあった。でも、一部ででも実現できればよかった。
- 教室観察や共通試験によるデータが欠けていたということは、今回の調査が、独立した証拠(independent evidence)よりも、報告された意見

(reported opinions) に頼りすぎていたということになる。トライアンギュレーションを行ったことで、この点に対する心配がいくらかは取り除かれたが、完全ではない。

それから、このプロジェクトに対して BC が ODA の一環としてイギリス国民の税金を投入していたため、このプロジェクトが費用に見合う価値があったかどうかも検討することになっていた。しかし、結局これは測定不可能であった。まず、何を測れば価値があると言えるのか、それをどのように測るべきかがわからなかった。もし測ることができたとしても、すでに価値があると判定が下された同規模・同様なプロジェクトの前例がないと、価値がある / ないという判断の基準がない。このような理由で、著者らはこちらの評価課題を実施できなかったと述べている。

3.3.2　Lynch (1992) の評価例

Lynch (1992) の評価例は、メキシコの大学英語教育プログラムでのコーディネータを務めた Lynch と現場の教師による総括的評価の例である。この評価の特徴は、実験デザインを用いた量的な評価と、インタビューや観察による質的な評価の両方を組み合わせて、その効用を検討したことである。特に質的分析においては、ユニークな分析方法を提唱している (Lynch, 1996)。

対象プログラムは、University of Guadalajara (UdeG) で、UCLA の協力によって実施された Reading English for Science and Technology (REST) である。このプログラムは、1980 年代メキシコの大学レベルで最も重要な外国語のニーズは、科学技術英語を読む力を修得することであるとの認識のもとで開始されたものである。そして、読解技能指導をカリキュラムの中心に据えた新しいスタイルのプログラムであった。従来メキシコの英語読解教育では、英語教材として書き直されたテキストを単語ごとに訳していく退屈で非生産的なものであった。それを、生教材を使い、読解スキルを活用してテキストから情報を得るための読み方の指導を行うスタイルに変えた。この方法で学生にやる気を持たせることがこのプログラムのねらいであった。また担当者らは、読解技能に特化して指導する方が、4 技能に渡って指導するより

英語の能力が向上するだろうとの目論見を持っていた。

　このRESTプログラムには、化学工学専攻の3年生116名が参加し、教員兼研究者(T/R)4名、アシスタント(T/R assistant)3名、プログラムコーディネータ2名などが関わっていた。Lynchはこのプログラムコーディネータのひとりでこの評価の責任者でもあった。

　ところがプログラムを開始すると、最初に予期していなかった状況がいくつか起こってきた。まず授業開始後1週間ぐらいで、学生にインタビューをして初めて、学生たちにはこの授業は通常の4技能を指導する授業だと伝えられていたことが判明し、あわてて学生に授業方針を説明し直さなければならなかった。さらに第1学期は、2つのセクションで、スペイン語ネイティブ教員と英語ネイティブ教員各1名のチームティーチングであったが、学生の英語のレベルが低すぎて、授業の50～90%をスペイン語で行わなければならなかった。ついで第2学期は、メキシコ人教員が参加できなくなってしまい、ひとつのセクションは英語ネイティブ教員とスペイン語ネイティブのアシスタント、もうひとつのセクションはほとんど英語ネイティブ教員1名で担当せざるをえなくなった。

　Lynchの評価課題は、

1)　このプログラムで学生の読解能力が向上したか
2)　このプログラムの教授法は有効であったか

の2点である。Ownの型式では、E型＝影響力評価にあたる。

　この評価では量的評価として実験デザインが用いられた。実験グループには、このRESTプログラムの化学工学専攻3年生116名、そして統制グループにはプログラム外の薬生物学専攻3年生の有志61名を配置した。この実験デザインは対象プログラム内で等質の2グループを作ることができなかったため、非等位統制群(nonequivalent control group)と呼ばれる比較にもとづくものであった。

　データ収集のひとつとして学習の成果を測るために事前―事後テストを実施した。しかし、ESPのような特別な目的を持った英語学習の達成度を計るためにはTOEICやTOEFLのような一般の標準化されたテスト(standardized test)、あるいは基準準拠テスト(norm-referenced measurement

（NRM））は最適ではないと考えられた。それよりも、設定した学習目標に到達できているか、あるいは学習した内容を正しく理解し習得できているかどうかを測る目標準拠あるいは到達基準準拠テスト（criterion referenced measurement（CRM））の方が適していると見なされた。とはいえ、科学技術英語の読解能力を測る最適な CRM は身近に得られず、Lynch らはどのようなツールを使えばよいのかに苦慮した。

結局この評価では、NRM と CRM の両方を使用した。NRM には次の2つを用いた。

（1） The English as a Second Language Placement Exam（ESLPE），Form A, 1985

これは、リスニング、読解、文法、語彙、ライティング、誤用訂正問題から成る UCLA で当時作成されたテストである。UdeG のプロジェクトと類似の学生を対象に作られていたので利用することにした。このテストについては統計的に信頼性などがすでに証明されている。

（2） 自作のクローズテスト（毎7番目の語をブランクにしたもの）

クローズテストの解答の単語を自分で産出する形式は、必ずしも読解能力を測っていないのではないかという疑問もあった。それでも Lynch らは、このテストは英語の一般的な運用能力を測っていると考えてやってみる価値はあると判断した。

CRM には、もうひとつ自作のクローズテストを用いた。これは、接続詞や代名詞、指示詞、テクニカルタームなどの単語を抜いて、解答を多肢選択で選ばせる形式を用いた。これは、上述の NRM のクローズテスト形式は単語の産出が必要であることから、もっと読解技能に特化した能力を測れるようにと考案されたものである。最初の試験では、一問おきに選択肢を英語とスペイン語にしてみた。2回目の試験では全部英語を使用した。

これらの試験のうち、実験グループではすべての試験を事前および事後に実施した。ところが統制グループでは、クローズテストの信頼性が高い、それだけで十分という判断から、事後の ESLPE を省略してしまった。そのために、ESLPE による事前―事後のスコアの比較は実験グループでしかできなくなるという問題を起こしてしまった。

質的データの収集では、アンケートと授業観察とインタビュー、および日誌記録や教師会議の議事録のドキュメント調査を行った。これらのデータは、Treatment File と Administrative File に分けて収集した。Treatment File には次のデータをまとめた。

・授業記録＝教材、授業活動内容、教師たちの反応などの記録を時間順序で保存。
・授業観察＝コーディネーターが授業を観察し、詳細なメモをもとに後刻記録をまとめたもの。授業を担当した教師と感想を交換し、その内容も記録に残した。

もうひとつの Administrative File には次のデータを集めた。

・コーディネーターによる日誌記録＝プログラムでのできごとや主観的なコメントの記録。
・コーディネーターによる議事録＝コーディネーターが教師会議中にとったメモをタイプ打ちしたもの。
・インタビュー
　（1）学生へのインタビュー1回目―各クラスで選ばれた学生を対象。これは、録音されず、質問も事前に用意されたものではなく、一般的な質問によるものであった。そのために、学生達は、スペイン語で言いたいことが言える状況にあった。
　（2）学生へのインタビュー2回目―各クラスで英語能力ややる気などを考慮して T/R が選んだ学生を対象。この時点までに問題として挙げられたことがらを中心とした質問リストによるインタビューであった。
　（3）教師／アシスタント (T/Rs) への学年度末インタビュー―インタビューの前に質問リストを回答対象者に配布し、考える時間を与えた。インタビューの途中で、話が発展して話題となったことがらもその場で質問として追加した。
・アンケートの自由記述＝今回は、教員とアシスタントを対象に、学年始めと終わりに実施。
　質問は次の4つであった。

・この REST プロジェクトの達成目標はどのようなことだと、個人的には理解していますか。
・このプロジェクトの長所はどのようなことである / あったと考えますか。
・このプロジェクトの短所はどのようなことである / あったと考えますか。
・このプロジェクトを改善するために、何か提案はありますか。

このような質的データを用いた分析は、一般に妥当性は高いが、信頼性が問題視されることが多い。しかし Lynch は、上述のように複数の情報源を用いることで信頼性も十分に保証されたと考えた。

データ分析では、統計分析として、テストスコアの共分散分析（ANOVA）と χ^2 検定、「効果の大きさ分析 (effect size analysis)」[1]、「標準変化量分析 (standardized change-score analysis)」[2] の 4 種の手法を用いた。質的分析は、データをコード化してある事象がどのように起こったか、そのつながりを示すマトリクスにまとめた（Lynch, 1996）。

そして次のような結果を得た（Lynch, 1992, p.88）。
・ESLPE のテストとクローズテスト（2 種 = 選択肢のあるものとないもの）の両方で、実験グループの方が有意な差で成果があり、このプログラムで用いた教授法は効果があったと言える。
・しかし読解力については、4 種の統計分析のうち 2 対 2 で対立する結果が出た。すなわち χ^2 検定では「効果がない」、効果の大きさ分析では効果が「中程度」という結果であったのに、共分散分析と標準変化量分析では「大きな効果があった」という結果が得られた。
・教員と中級の学生グループでは、文法の指導をしたことを肯定的に見ているが、他の学生グループの反応は異なる。初級グループ A では「授業内容が多すぎる」、初級グループ B では「この教え方は誤ったシステムだ」、上級グループでは「授業内容が十分でない」と答えている。
・教員は面白い授業のフレームワークができたと見ているのに対し、学生のグループでは 1 グループからしかコメントを得られなかった。つま

り、授業に関心がなかったということである。それも、得られたコメントは「きっちりとした枠組みができていない。教員たちはカリキュラムがどこに向かって進んでいるのかわかっていない」というものであった。
- 初級グループは学習したことを使えるようになったが、他のグループはこの点について言及していない、あるいは習ったことを活用していないと回答している。
- どのグループも生の教材を使えるようになったことは肯定的に見ている。
- 教員も学生も、このプログラムでは「授業の焦点がない、学習プロセスや方法にまとまりがない」というカリキュラム上の問題と、「学生の側に学習が動機づけられていない」という学生の問題があると指摘している。
- 「人間関係／プログラムの雰囲気（プログラム関係者がどのように交流しあっていたか。雰囲気はどのようであったか）」という観点では、現地 UdeG のコーディネーターと UCLA から派遣されてきた教師の間で、人間関係の問題があったことがわかる。これは、日誌にも様々な記録が見られる。
- 能力ごとのレベルによるクラス分け、チームティーチング、明確な成績評価の基準設定などは、肯定的な変化として受け止められている。
- 「不足 (lack)」という言葉がいろいろな面で繰り返されている。
    例　支援の不足 (lack of support)、教室の不足 (lack of classrooms)、英語運用能力の不足 (lack of EFL proficiency)、出席不足 (lack of attendance)

これらの原因について、Lynch は学生の期待していたものと実際の授業とのギャップのような、大学側、教員、学生の間での考えのいわゆる「ミスマッチ」であると分析している。

次に、Lynch は今回の評価を次のように省みている。
- 今回のプログラムの指導による英語の能力向上の成果が、共分散分析

などの統計分析により証明された。しかし、読解力4種の分析のうち2対2で対立する結果が出たことは、今回の測定データが十分に信頼性の高いものでなかったのかもしれない。考えられる理由のひとつは、授業で指導した内容と用いたテストの形式の不一致である。授業では読解のストラテジー指導に重点が置かれており、文法上の細かいポイントの理解には十分な指導をしていなかった。また授業で採用した教材はacademic reading textで、テスト問題にあるような文章ではなかった。そのために今回の文法に関するテストでは正しく答えられなかったのではないか。

- 今回の比較では、統制グループの学生は1年間まったく英語の指導を受けていないので、実験グループへの指導の成果はそもそも「何もやらないのと比べて効果があるかどうか」という比較になってしまった。本来なら、統制グループには同様なバックグラウンドを持ち、何らかの英語の指導を受けたグループを選ぶべきであった。
- もっと大切な問題は、このプログラムで指導したような技能の向上を測る測定方法である。今回は多肢選択クローズテストを開発した。こちらのテストの方が、ESLPEテストよりもこのプログラムで指導した技能を測定するのに適していた。
- 今回、ESLPEテストという基準準拠テスト（NRM）を利用したことは、UCLAの同様な英語グループの成績とおおまかな比較ができたというメリットがあった。
- 今回の評価の欠点のひとつは、比較を行った統制グループの学生からインタビューなどで質的データを収集しなかったことである。特に、このプログラムそのものやその成果、大学内での位置付けなどについての彼らの態度を調べるべきであった。これは見過ごすことのできない失態であった。
- 今回のデータ収集では、とてもたくさんのデータを集められたので多数の情報源、かつ異なる視点のもとで分析ができた。しかし質的分析は、データ収集も分析もとても時間がかかるのが欠点である。まず、日誌などをつけるだけでも大変なのに、それに加えて授業観察、ミーティン

グ、インタビューなど、とてもたくさんの時間をとられた。

　最後に Lynch は、プログラム評価ではプログラムがその目標を達成しているかどうかを明らかに証明できるので、伝統的な量的評価の部分がやはり必要である。そのためには、さまざまな隠れた条件に注意しながら綿密な実験計画、統計分析手法を持つことが重要である。しかし、質的なデータの分析も行うことで、互いに不足している情報を補ったり、さらに深く理解することができるため、両方をバランス良く組み合わせることが賢明であると報告を結んでいる。

3.4　現代の外国語教育プログラム評価の特徴

　ではここで本章のまとめとして、現代の外国語教育プログラム評価はどのようなものであると言えるか、そのあり様を検討してみることにする。
　1960～80年代に特定の教授法の優位性を証明するために実験計画法を中心に行っていた評価と比べて、前節で取り上げた評価例や 3.2 節の Rea-Dickins & Germaine (1998) らの評価分析から、現代の評価は次のような特徴を示していると言うことができる。

（1）以前の外国語教育での評価は、ある教授法が伝統的なものよりも効果的であることを、実験計画法により統制して示そうとしていたが、現代ではプログラムの現状をあるがままにとらえて、成果がどのようなものであったか、そしてどのような問題を抱えているのかを見るようになってきた。

（2）以前は言語の習得成果そのものを見ることに終始していたが、徐々に外国語教育プログラムに課された社会的役割を踏まえて、「費用に見合う価値があるかどうか」や「このプログラムは周囲にどのようなインパクトを与えたか」といったような幅広い視点での評価が実施されるようになった。

（3）評価の専門家が、助言者としてプログラムの現場関係者と協力して評価を行うことで、評価のノウハウが多様化してきた。すなわち、以前

のような言語テストだけでなく、インタビューや授業観察など多様なツールが用いられたり、学習者だけでなく、周辺の利害関係者も回答者として含むなどトライアンギュレーションが浸透してきた。

（4）Rea-Dickins & Germaine（前掲）らの指摘や Alderson & Scott（1992）のメタ評価でのコメントのように、現場の教師達がプログラム評価のノウハウを習得することが大切であるとの認識が高まってきている。そして、プログラムを計画する上で、PDCA サイクルの一環として位置づけて捉えるようになってきた。

これらが 80 年代後半以降、現代の外国語教育でのプログラム評価のあり様と言える。

注

1 効果の大きさ（Effect Size=ES）分析は、基本的に次の公式で示すことができる。

$ES = (\overline{X}p - \overline{X}c) \div Sc$

$\overline{X}p$：実験群の各被験者の「事後テストスコアと事前テストスコアの差」の全体平均

$\overline{X}c$：統制群の各被験者の「事後テストスコアと事前テストスコアの差」の全体平均

Sc：統制群の被験者の「事後テストスコアと事前テストスコアの差」の標準偏差

ES の数値が、0.5 の場合は中程度の効果、1.0 の場合は強い効果があったと解釈する（Lynch, 1996, p.98; 森・吉田, 1990, p.272）。

2 標準化変化量分析（standardized change-score analysis）とは、Kenney（1975）により開発された、等質ではない実験群と統制群の間で、実験効果の大きさを相関係数を用いて測定する手法である（Lynch, 1996, pp.99–100）。実験群と統制群との間の事前テストスコアの相関係数、同じく事後テストスコアの相関係数を算出し、この 2 つの相関を測る手法。ただし、Lynch は、詳細な分析方法を説明していない。

4章
日本語教育でのプログラム評価像

　この章では、3章で概観した先行研究を参考に、日本語教育プログラムを対象に評価を行う場合、実体はどのようなものになるか、具体的なイメージを描き出すことに取り組む。本章では次の4点を考察する。
1) だれが日本語教育プログラムを評価するのか
2) 日本語教育プログラムには、どのような利害関係者が関わっているのか
3) 日本語教育プログラム評価ではどのような評価目標あるいは評価課題が想定できるか
4) 日本語教育プログラムでの評価ではどのような方法が利用可能か

4.1　日本語教育プログラムの評価担当者

　だれが評価を行うのかについては、2.4.4項で述べたように、一般には「内部者」「外部者」「外部者および内部者」の3種に大別される。しかし、所属

表4-1　評価担当者の属性分類

日本語教育 専門性 所属組織	日本語教育の 専門知識・経験あり	日本語教育の 専門知識・経験なし
内部者	A　プログラム当事者 （日本語教員、留学生担当者など）	B　所属組織管理者や他部署のメンバー （学長、理事会、他教職員など）
外部者	C　他組織日本語教育関係者	D　中立な立場の外部者 （評価の専門家、卒業生の雇用主など）

組織と日本語教育などに関する専門知識・経験の有無の2条件を組み合わせると表4-1のような4種に分類できる。

これらの評価担当者による評価形態例には、以下のようなものが想定できる。

A　プログラム当事者による自己評価
　　例　国立大学の留学生センターで実施する短期プログラムの担当者などによる自己評価
B　所属組織内他部署のメンバーによる評価
　　例　大学などの学内評価委員会メンバーによる日本語教育プログラムの内部評価
C　他組織日本語教育関係者による評価
　　例　日本語教育振興会による新設日本語学校の認定評価
D　外部者による評価
　　例　大学評価・学位授与機構のような中立な評価組織による外部評価

現状では、上記Cの日本語教育振興会による日本語学校の認定評価はシステムとして確立されているが、その他はようやくその必要性が認識され始め、一部でAタイプの自己評価などが行われ出した段階と言えるだろう。Bについても、先般国立大学が独立行政法人化されたことが追い風となって、以降各組織内での評価が増えてきている。また同じくBタイプでも自治体による日本語教育プログラムの場合は、昨今の行政評価システム導入の一環として、評価対象に含められることになると考えられる。Cについても、たとえば全国の国立大学に設置された留学生センター間での評価システムなどは今後必要性が検討されることだろう。Dのタイプは、現段階では日本語教師養成課程を持つ学部あるいは大学院以外は大学評価・学位授与機構の評価対象とされていない。とはいえ、日本語教育の持つ社会的使命を鑑みると、この種の外部評価組織は早晩必要となるだろう。さらに、

　　社会における日本語教育機関の位置と役割に関しては、日本語教育機関がたとえば日本の国際化にどのていど寄与しているか、また日本語教育機関の社会的役割として現在問題になっていることは何か、また国際的

な期待に日本語教育の現状がどのていど応えているかといった観点から
　　も評価する必要があるだろう　　　　　　　　（日本語教育学会, 1991, p.324）
とあるように、学会レベル、あるいは文部科学省レベルでの評価に関する取
り組みが現実のものになる日も近いかもしれない。

4.2　日本語教育プログラムを取り巻く利害関係者

　日本語教育の場合は実施機関が多様で、日本国内だけでも国や各自治体・公共団体などの公的組織もあれば、私立大学・民間日本語学校・企業など私的組織もある。海外の場合も、現地国家政府や州政府による日本語教育もあれば、私的機関によるものもある。日本政府が海外援助の一環として海外で実施する日本語教育もある。実施機関やそのプログラムが置かれた環境によって、それを取り巻く利害関係者には差異があるが、基本的に次のグループに分類することができよう。ただし実際には、運営資金提供者がプログラム運営統括者である場合など、複数のグループの役割を果たす利害関係者も存在する。

・プログラムの直接の当事者(教師、職員、学習者など)
・プログラム運営統括者(実施機関本部、監督団体、管轄省庁など)
・運営資金提供者(支援企業、納税者、自治体など)
・学習者を支える人々・組織(親族、資金援助者など)
・学習修了後に学習者を受け入れる組織(就職企業など)
・学習者が触れ合う人々・組織(指導教員、他の学生、ホストファミリーなど)

　ここでは代表的な日本語教育機関のひとつとして、日本国内の国立大学留学生センターを例にとってどのような利害関係者が関わっているかを見ていくことにする(図 4-1)。

　すべての評価活動で、これらすべての利害関係者を対象とする必要はないが、当該評価においては、どの範囲の利害関係者が含まれるべきかを確認した上で評価計画を立てなければならない。特に、説明責任を果たすことを評価の主たる目的とする場合には、当該評価の結果がどの利害関係者に報告されるのか、その利害関係者が何を知りたいと望んでいるのかを踏まえて評価

```
┌─────────────────────────────────────────────────────────────┐
│  ╭──────────────────────────╮   ╭──────────────────────╮    │
│  │ 〈運営資金提供者〉納税者(国民)│   │〈学習者受け入れ組織〉 │    │
│  ╰──────────────────────────╯   │     就職企業         │    │
│  ╭──────────────────────────────╮╰──────────────────────╯   │
│  │〈運営資金提供者〉政府管轄部署│                             │
│  │     (文部科学省)             │                             │
│  ╰──────────────────────────────╯                            │
│  ┌────────────────────────────┐ ╭──────────────────────╮    │
│  │         大学                │ │〈触れ合う人々・組織〉│    │
│  │〈運営統括者〉大学本部(学長、 │ │学内の諸学部・研究科の│    │
│  │ 学部長、評議会など)          │ │  教員・職員          │    │
│  │                            │ │   日本人学生         │    │
│  │   ┌──────────────────────┐ │ │ 先輩留学生・卒業生   │    │
│  │   │   留学生センター      │ │ ╰──────────────────────╯    │
│  │   │〈運営統括者/当事者〉  │ │                             │
│  │   │留学生センター管理者   │ │ ╭──────────────────────╮    │
│  │   │  (センター長など)     │ │ │〈触れ合う人々・組織〉│    │
│  │   │〈当事者〉 教員・職員  │ │ │下宿先、ホストファミリー│  │
│  │   │〈当事者〉 留学生      │ │ │   アルバイト先       │    │
│  │   └──────────────────────┘ │ ╰──────────────────────╯    │
│  └────────────────────────────┘                              │
│                                 ╭──────────────────────────╮ │
│                                 │〈学習者を支える人々・組織〉││
│                                 │親権者・資金援助者、出身国政府││
│                                 ╰──────────────────────────╯ │
└─────────────────────────────────────────────────────────────┘
```

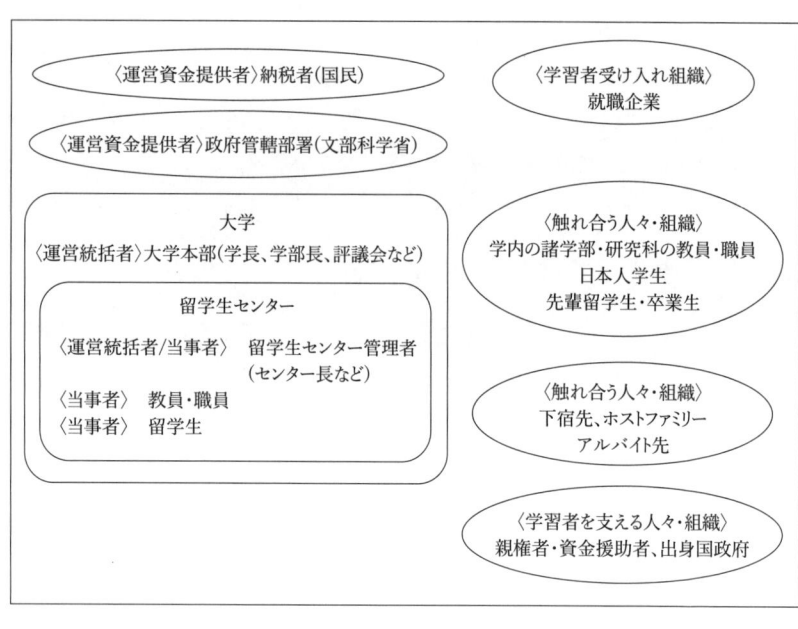

図4-1　国立大学留学生センターを取り巻く利害関係者

目標や評価課題が設定されなければならない。

4.3　日本語教育プログラムでの典型的な評価目標と評価課題

　では、前節で取り上げた日本語教育プログラムを取り巻くそれぞれの利害関係者は、たとえばどのようなことを評価してほしいと希望するだろうか。それぞれの立場で典型的と思われるものを挙げてみる。なお、ここでは何を明らかにしようとするかの目標を示す「評価目標」、さらにそれを具体的な質問にできる場合は「評価課題」の形で例示する。重複して挙げるものは、複数の利害関係者の視点を考慮しなければならないことを意味している。

　プログラムの直接の当事者（教師、職員、学習者など）
　●評価目標
　・プログラムが設定した目標を達成できたか／できているか

評価課題例
　―学習者の日本語能力が向上したか
　―大学入学に十分な日本語能力を獲得できたか
　―日本の社会・文化などに関する理解が向上したか
　―日本社会に以前より適応できるようになったか
・他類似プログラムと比較して、当該プログラムはどのような成果を挙げているか
　―当該プログラムの学習者の日本語能力は他プログラムより高いか
　―当該プログラム修了者は、他プログラムと比較してどのような大学に入学しているか
・運営面で、どのような点を改善すべきか
　―日本語の指導内容、方法、教材などは適切であったか
　―スケジュール、時間配分は適切であったか
　―学習環境は適切であったか
　―職員の対応は適切であったか
　―学習者は得られた成果やサービスに満足しているか
・プログラムは、学習者が日本語学習を継続するために十分なサポートをしているか
　―奨学金など、資金面の援助は十分か
・今後、どのようなことに新たに取り組むべきか
　―どのような日本語教育（生活日本語、教科の補習、専門分野の日本語など）が必要か
・プログラム実施によって周辺にどのようなインパクトがあったか
　―日本人学生と学習者の交流が増えたか
　―地域住民が国際交流に理解を示してくれたか
・プログラム実施は周辺にどのような新たな問題を引き起こしたか
　―地域住民とどのようなトラブルが発生したか

プログラム運営統括者、運営資金提供者
・プログラムが公言した内容の教育を実施しているか

　　　　―正規の授業時間や授業内容を確保しているか
　　　　―目標に見合った内容の教育を実施しているか
　　　　―有資格の日本語教師が指導しているか
　　　　―学習者の修了率はどれほどか
・プログラムが設定した目標を達成できたか / できているか
・プログラムは与えられた使命を果たしたか / 果たしているか
　　　　―学習者の日本に関する理解が深まったか
　　　　―学習者の日本への親近感は高まったか
　　　　―地域住民との共生が進んだか
・他類似プログラムと比較して当該プログラムはどのような成果を挙げているか
・プログラム実施によってどのようなインパクトがあったか
　　　　―人物交流が促進されたか
　　　　―実施機関の知名度が上がったか
・プログラム実施は周辺にどのような新たな問題を引き起こしたか
・新たにどのような社会ニーズに応じたプログラムを実施すべきか
　　　　―日本語学習が必要な外国人配偶者はどれだけいるか
・経費に比してどれだけの成果を挙げることができたか (=Value for Money)
・経費に比して効率的に成果を挙げることができたか
　　　　―類似プログラムと比較して経費面で効率的か
・運営面でどのような点を改善すべきか
　　　　―使用施設は適切か
　　　　―現在の教職員数は適切か
・プログラムを継続して実施する価値があるか
・プログラムの支援体制をどのように改善すべきか
　　　　―予算配分は適切か
・プログラム運営組織は、学習者の日本語学習などの活動について利害関係者と十分なコミュニケーションが取れているか

学習者を支える人々・組織（親族、資金援助者など）
・プログラムは、学習者のニーズに適合しているか
　　―学習者はプログラムに好印象を持っているか
　　―学習者は得られた成果やサービスに満足しているか
・プログラムが設定した目標を達成できたか／できているか
　　―学習者の国際的視野が拡大できたか
・プログラム修了者は修了後どのような活躍をしているか
　　―プログラム修了者は日本語習得により希望の職種に就くことができたか
・プログラムは学習者が日本語学習を継続するために十分なサポートをしているか
・経費に比してどれだけの成果を挙げることができたか
　　―学習者の就職のチャンスは拡大したか
　　―日本語習得により生涯獲得賃金はどれほど増加したか
・経費に比して効率的に成果を挙げることができたか
・プログラム運営組織は、学習者の日本語学習などの活動について当該利害関係者と十分なコミュニケーションが取れているか

学習修了後に学習者を受け入れる組織（就職企業など）
・プログラムは、学習者に対し受け入れ組織が求めるレベルまでの日本語能力などを付与できているか
・プログラムを修了した学習者は、習得した日本語能力を業務面などで活用できているか
・プログラム運営組織は、学習者の日本語学習などの活動について当該利害関係者と十分なコミュニケーションが取れているか

学習者が触れ合う人々・組織
・プログラムは学習者が日本語学習を継続するために十分なサポートをしているか
・プログラム実施によって周辺にどのようなインパクトがあったか

- プログラム実施は周辺にどのような新たな問題を引き起こしたか
- プログラム運営組織は、学習者の日本語学習などの活動について当該利害関係者と十分なコミュニケーションが取れているか

以上の評価目標や評価課題を整理すると、次のような評価の観点が浮かび上がってくる。
- 日本語能力・日本文化／社会理解の成果
- プログラム対象者とプログラムの適合
- プログラム運営の適切さ
- 経費面での適性
- プログラムのインパクト
- 日本語教育組織としての適性
- 今後の新たな取り組みへのニーズ分析
- プログラムの継続可能性

これらの観点別にまとめ直した評価目標や評価課題は、次節の表4–2で提示する。

4.4　日本語教育プログラムの評価の方法

評価の実施にあたっては、各評価の目的や規模、評価担当者などさまざまな条件が関わるために、日本語教育プログラムに共通の評価モデルが存在するわけではない。しかし、前節で取り上げたような典型的な評価目標あるいは評価課題に対し、どのような評価方法が利用できるかの想定は可能である。

表4–2は、上述の典型的な評価目標や評価課題を評価の観点ごとに分類し直した上で、それぞれにどのような評価方法が利用可能かを筆者が検討し列記したものである。

表 4-2 評価の観点別に見た評価方法例

評価の観点	●評価目標 ・評価課題	可能な評価方法例
日本語能力・日本文化/社会理解の成果	●プログラムが設定した目標を達成できたか/できているか	
	・学習者の日本語能力が向上したか	日本語試験、学習成果物
	・大学入学に十分な日本語能力を獲得できたか	日本留学試験
	・日本の社会・文化などに関する理解が向上したか	学習者へのQ&I
	・日本社会に以前より適応できるようになったか	学習者へのQ&I、行動観察
	・学習者の日本への親近感は高まったか	同上
	・学習者の国際的視野が拡大できたか	同上
	・地域住民との共生が進んだか	地域住民へのQ&I、フィールドスタディ
	・他類似プログラムと比較して、当該プログラムはどのような成果を挙げているか	成果報告書の比較、関係者へのQ&I
	・当該プログラムの学習者の日本語能力は、他プログラムより高いか	共通な日本語の試験
	・当該プログラム修了者は、他プログラムと比較して、どのような大学に入学しているか	進学実績調査 修了者追跡調査
プログラム対象者とプログラムの適合	●プログラムは、学習者のニーズに適合しているか	
	・学習者は得られた成果やサービスに満足しているか	学習者へのQ&I
	・学習者はプログラムに好印象を持っているか	同上
	・学習者の就職のチャンスは拡大したか	就職実態調査
	・プログラム修了者は、日本語習得により希望の職種に就くことができたか	修了生へのQ&I
	・日本語習得により生涯獲得賃金はどれほど増加したか	同上
	●プログラムは、学習者に対し、受け入れ組織が求めるレベルまでの日本語能力などを付与できているか	受け入れ組織担当者へのQ&I

	●プログラムを修了した学習者は、習得した日本語能力を業務面などで活用できているか	修了生へのQ&I
プログラム運営の適切さ	●運営面でどのような点を改善すべきか ・日本語の指導内容、方法、教材などは適切であったか	学習者へのQ&I
	・スケジュール、時間配分は適切であったか	学習者へのQ&I、教師へのQ&I
	・学習環境は適切であったか	学習者・教師へのQ&I
	・職員の対応は適切であったか	学習者・職員へのQ&I
	・学習者は得られた成果やサービスに満足しているか	学習者へのQ&I、苦情などの記録/学習者、教職員へのQ&I
	・使用施設は適切か	苦情・修理などの記録
	・現在の教職員数は適切か	教職員へのQ&I
	●プログラムは、学習者が日本語学習を継続するために十分なサポートをしているか	学習者・支援者へのQ&I
	・奨学金など、資金面の援助は十分か	学費支払い記録
	●プログラム運営組織は、学習者の日本語学習などの活動について利害関係者と十分なコミュニケーションが取れているか	利害関係者へのQ&I
	●プログラムの支援体制をどのように改善すべきか ・予算配分は適切か	利害関係者へのQ&I
経費面での適性	●経費に比してどれだけの成果を挙げることができたか （例　学位取得率など）	費用対効果分析、費用便益分析など
	●経費に比して、効率的に成果を挙げることができたか ・類似プログラムと比較して、経費面で効率的か	コスト比較

プログラムの インパクト	●プログラム実施によって周辺にどのようなインパクトがあったか ・日本人学生と学習者の交流が増えたか ・地域住民が国際交流に理解を示してくれたか ・人物交流が促進されたか ・実施機関の知名度が上がったか ●プログラム実施は周辺にどのような新たな問題を引き起こしたか ・地域住民とどのようなトラブルが発生したか	観察、関連資料 事例研究 地域住民へのQ＆I 事例研究 関連統計データ メディアへの露出度 苦情記録、事例研究、観察
日本語教育組織としての適性	●プログラムが公言した内容の教育を実施しているか ・正規の授業時間や授業内容を確保しているか ・目標に見合った内容の教育を実施しているか ・有資格の日本語教師が指導しているか ・学習者の修了率はどれほどか	関連資料、現場視察 教職員・学習者へのQ＆I 同上 関連資料、現場視察 同上
今後の新たな取り組みへのニーズ分析	●今後、どのようなことに新たに取り組むべきか ・どのような日本語教育が必要か ・日本語学習が必要な外国人配偶者は何人いるか	教員・学習者へのQ＆I 学習者候補へのQ＆I 就職先などでのQ＆I 統計データ
プログラムの継続可能性	●プログラムを継続して実施する価値があるか	利害関係者へのQ＆I 費用対効果分析など

Q＆I＝アンケート調査およびインタビュー
（フォーカス・グループなどのグループインタビューを含む）

　これらの評価目標や評価課題、そして利用できる評価方法は一例に過ぎず、プログラムを多様な観点から見るためにはさまざまな評価方法が必要であり、かつ評価の精度を高めるためにはトライアンギュレーションを試みることが肝要である。

5 章
日本語教育でのプログラム評価事例研究

　日本語教育分野では、終了時の学習者へのアンケートなどにもとづく評価事例はいくつか公開されている（有馬・島田, 2002; 久保田・奥村, 2002; 和泉元他, 2004 など）が、本論でこれまでに論じたような形式でのプログラム評価事例はほとんど報告されていない。そこで、これまで見てきた先行研究を踏まえて、筆者は、自身が責任者を務める日本語教育プログラムを対象に評価の実践を行った。本章では、この評価を事例として取り上げ、5.1 節から 5.7 節に渡って評価の実施過程（評価計画・準備→データ収集→データ分析→結果の報告）を描写していく。このうちの計画・準備の段階では、札野（2005）の 2.5 節で提言した「12 ステップ」[1] に則って進めた作業の様子を報告する。また、効率的な計画・準備作業を進めるために用いた評価課題マトリクスや、留学生自身が各自の日本語能力や日本文化・社会理解能力の向上の度合いを判定するために用いた自作の自己評価票の例を紹介する。続く 5.8 節では、The Joint Committee (1994) の The Program Evaluation Standards（第 2 版）[2] と、自作の評価用紙を用いたメタ評価の結果を報告する。そして 5.9 節において、この事例での成果や問題点を考察する。このような事例研究を通して、実際のプログラム評価では、どのような過程で、どのような作業が必要になるか、具体的な評価像を描き出し、評価実践の課題を考察することを本章の目的とする。

5.1　日本語教育現場でのプログラム評価事例概要

　本節から 5.7 節においては、筆者が日本語教育現場で実施したプログラム

評価を事例として評価の実施過程を描いていく。

今回の事例では、2002年に実施した「金沢工業大学日本語教育特別プログラム」(以下 KIT-IJST と略) の単年度のプログラム成果に関する評価を中心に取り上げる。また、長期的なプログラム成果の評価についての示唆を得るために、この評価とは別途に行った過去の参加者の追跡調査および協定校担当者へのアンケート調査についても言及する。本章で取り上げる一連の評価活動は、プログラム担当当事者による内部評価である。

対象としたプログラムの開催期間は、2002年6月～7月に渡る6週間である。そして評価活動のスケジュールは、次のとおりである。

まず評価の準備作業として、プログラム実施前に次のような活動を行った。

2001年2～5月	パイロット評価・追跡調査の計画および準備
2001年6～7月	KIT-IJST 2001 でのパイロット評価
2002年2～5月	KIT-IJST 2002 でのプログラム評価の計画、ツール作成

プログラム終了後は、つぎのようなスケジュールで作業を進めた。

2002年7月～2003年5月	データ収集およびデータ分析
2003年7～9月	報告書の作成
2003年10月	学長他へのプログラム評価報告書提出

並行して実施した2つの調査は、次の時期に実施した。

2001年11～12月	過去の参加者への郵送および電子メールによる追跡アンケート調査
2003年9～10月	送り出し協定校担当者へのアンケート調査

5.2 KIT-IJST 2002 プログラムの評価計画・準備

本節では、札野 (2005) の 2.5 節で提示した評価計画・準備段階の「12 ステップ」に則って、KIT-IJST 2002 の単年度評価の計画・準備段階の詳細を

示していく。

5.2.1　ステップ1　プログラム概要・実施目的

　評価対象とした KIT-IJST は、本学と協力協定を結ぶ米国3大学との学生交換活動の受け入れプログラムで、毎夏6週間に渡って開催される。本学の国際交流室とその傘下にある日本語教育プログラムが受け入れ担当部署である。筆者は、このプログラムの責任者を務めている。

　プログラム参加者は、基本的に理工系の専攻であることと、大学レベルで最低1年の日本語を既習であることが参加の条件である。

　KIT-IJST では、各校の留学生5名を6週間受け入れるのを1ユニットとして、それと交換に本学学生が1名30週間、各大学に派遣されるしくみとなっている。このしくみでは学生派遣の機会を得ることができる本学学生の数は限られる。したがって、KIT-IJST では、留学生だけでなく本学学生にとっても利益となるように、さまざまな活動に直接本学学生を取り込む形でプログラムを計画することを重視している。

　このような条件を踏まえて、プログラムの実施目的として次の3点が設定されている。

KIT-IJST 実施目的
（1）参加留学生の日本語能力（基礎的な科学技術日本語を含む）向上を図る
（2）参加留学生の日本の文化や社会に対する理解を深めさせる
（3）本学学生に対して国際交流についての意識を啓蒙する

　これらの目的達成を目指して、プログラムでは、既習日本語知識の復習および実践練習、科学技術関連日本語表現の学習、日本人学生と1対1のペアでの科学技術に関したプロジェクト学習、英語での日本文化・社会に関する講義および学外見学・ホームビジットなどを実施している。

　2002年度の参加者は33名であった。日本語クラスは、この33名を3レベルに分けて、教員6名で担当した。他に文化人類学専門の米国人教員が日本事情を担当した。生活面は英語がわかる国際交流室日本人職員2名が支援した。また本学の日本人学生を会話パートナーとして10名、プロジェクトパートナーとして33名アルバイトの身分で採用した。さらに、国際交流を

目的とする学生サークル「SGE (Students for Global Exchange)」のメンバー20名程度がプログラムのさまざまな面で留学生を支援した。

5.2.2　ステップ2　利害関係者と報告の読者、評価視点

前述のように、このプログラムは、本学と協力協定を結ぶ米国3大学との学生交換活動の一環として位置付けられる。このプログラムでの利害関係者は、次のとおりである。

運営資金提供者／運営統括者	大学本部（学長、理事会など）
運営統括者／当事者	国際交流室
当事者	プログラム教員・スタッフ
当事者	留学生、協力した日本人学生
学習者を支える人々・組織	留学生の保護者、協力協定校
触れ合う人々・組織	学内のその他教職員・日本人学生・ホストファミリー、過去の参加者

今回の評価活動はプログラム責任者（筆者）が担当し、結果の価値判断もプログラム責任者の視点から行う内部評価とした。結果報告の読者には、プログラムに関わった教職員と学長、経営者（理事会）代表を想定した。学長と経営者は、学務面や経費面、対外的な責任面でこのプログラムの重要な利害関係者である。

評価の計画にあたっては、報告書の読者である利害関係者らがどのような観点での評価を望んでいるかを知ることが、有意義な評価を行うために不可欠である。またこのプログラムは、1994年開始以来かなりの年数を経過しているので、本学内において KIT-IJST がどのような役割を担っているかを再度確認することも評価を行う上で重要と思われた。

そこで、今回の評価に先だつパイロット評価計画の段階で、プログラム責任者である筆者は、学長および理事会代表に対して個別にインタビューを行い、KIT-IJST に彼らが期待することと評価の観点について尋ねた[3]。以下は、学長へのインタビュー記録（資料5-1）の抜粋である。

　　学長　…（IJST は）本学の協力提携校との間で学生交換をしようということで始まりました。…それは大変重要なことだと思います。非常に今

グローバリゼーションが激しくなってきましたので、国境を越えて技術者のクオリティーを高めなければいけないわけで、そのためには本学にとって今のような IJST は大変大きな役割を担っていくだろうと思います。

やはり自分の国を知ることと相手の国を知ることは非常に重要であり、自分だけを知っていて相手を知らない。あるいは相手だけ知っていて自分を知らないというのは片手落ちですから、ともに知り合い理解し合う。その架け橋というと大きすぎるかもしれませんが、ひとつの方法になっているでしょう。それから、本学の学生などは特に外国を知るというチャンスが今まであまりなかったですから、それをこういうことでプロモートしていけるという点では大変よいと思っています。

そのほかに、向こうから来ていただく方々にも日本を知っていただいて、今後社会に出たときにともに手を携える、仕事あるいは友情、いろいろな面で大きな役割を果たせるのではないかと思っています。

Q=筆者　国際交流、それから本学の学生と留学生の交流を通しての国際体験を充実させる機会を提供するということですね。

学長　それは、ひとつにはきっかけにもなるし、これから彼らがより世界に羽ばたいていくワンステップになってくれるのではないかと思っています。ですから、本学の学生、あるいは向こうから来る学生もそうだと思いますが、なるべく多くの諸君がこれに参加してほしいのです。若干我々の大学の学生はヘジテイトしている、あまり積極性がないという点で少し残念に思っていますが、なるべく多くの学生諸君に来てほしいし、今、アメリカだけではなくニュージーランドあるいは台湾にも提携校を作りました。ですから、お膳立て、舞台を我々は非常に多く作っています。あとは、どのようにしてそれを学生諸君に浸透させ、そして彼らがそれに気持ち、軸足を移してくれるのかということが、我々の大きな仕事のひとつだと思います。従来の方法だけでは頭打ちと思いますので、何とかそこを広げるためのくふうを教職員全体で考えなければならないという気がします。

Q　そこにひとつ評価のポイントがあるということですね。例えば、

IJSTというプログラムの範囲で、工大全体の学生に対してどの程度国際交流意識を高めることができているのかを、まず評価してみることがポイントになるわけですね。

学長 そうですね。今一番オフィシャルにしているのはIJSTですから、それで学生諸君にどれだけの啓蒙を果たしていくのか。この辺をもう一度考えてみる必要があるという気はします。

…略…

Q …そのほかにIJSTの成果として期待なさっている部分はありますか。例えば学生に向けて、内側に対しての成果以外に、うちがIJSTをはじめ交換留学の制度を持つことが対外的なかたちで何か期待される役割というのは。

学長 日本に留学生が来ない。中曾根内閣のときに留学生10万人体制を打ち上げましたが、とてもそのようなことにはならない。それは、やはり言葉の壁だろうと思います。ですから、金沢工業大学に行けば日本語の教育をネイティブでない人に対してしてくれるということがわかれば、少なくともそのような危惧は薄れると思います。そのようなことを対外的に発信する必要があるのではないかという気がします。

　他の大学では日本語の教育をしないので、どこかの語学学校へ半年なり行って勉強しなければ来れない。しかしうちの方では、ある程度のベースがあれば先生の方でしていただけるのは、ものすごく対外的に、特に留学生にとってはよいインフォメーションではないかと思います。

　話は違いますが、今まで外に行ってきた学生が大学に戻ってきてどのような成長を遂げたのかは、実はフォローしていないのです。また逆に、うちでIJSTで勉強した提携校の学生諸君が母校に帰ってどのような日本語教育の能力を伸ばしていったのかというのもフォローしていないのです。その辺のフォローが僕は気になっています。彼らがそのままずっと続けてくれているのかどうか。この辺は一度調査される必要があるのではないかという気がしています。

　このようなインタビューの結果、KIT-IJSTには、日本語教育を通しての

国際貢献、本学学生の国際交流意識の高揚、大学の国際的な知名度やイメージアップなどが期待されていることが明らかになった。評価の観点としては、本学学生が今後国際的に活躍していく上で有意義な体験を得られたか、留学生が本学での滞在に満足してくれたか、留学生がプログラム参加後どのように活躍しているか、プログラムが多様な価値観を持つ留学生や日本人学生を招く手段として機能したか、本学学生・コミュニティーに対して本学のイメージアップができたか、世界的規模での大学の知名度がアップしたかなどが挙げられた。

　昨今の厳しい経済情勢を考えると、経営者側が本プログラムの費用対効果分析も評価の観点として挙げることを予想していたが、今回のインタビューではプログラムのコストに関する言及は全くなかった。これは筆者が経営の専門ではなかったためと考えられる。

　学長と経営者が KIT-IJST に期待していることがどこまで達成できたかを評価するには、帰国した修了生の追跡調査、留学生を送り出している大学からの評価、本学学生全員あるいは地域住民に対するアンケート調査などを行う必要がある。このような評価活動は長期的かつ大規模のものとなるので、単年度での成果の評価とは分けて扱うこととした。

5.2.3　ステップ3　目的、目標および範囲

単年度成果の評価目的を次のように設定した。

評価目的

プログラムの実施目的(5.2.1項参照)が達成できているかを確認し、今後どのような点を改善すべきか検討するための情報を得ること

具体的な評価目標には、以下の3点を設定した。

評価目標

1. プログラム実施目的の達成— KIT-IJST 2002 が、プログラム参加者（留学生）および協力者（本学学生）に対して、プログラムの目的を達

成できたかどうかを検証する。
2. 学生の満足度—プログラム参加者および協力者が、プログラムで得られた成果にどの程度満足しているかを明らかにする。
3. プログラム内容および運営の適切さ—今回新たに変更した点に特に注目して、プログラムの内容および運営が適切であったかどうかを判定する。

ただし、「本学学生」は、会話／プロジェクトパートナーの学生とSGE（＝Students for Global Exchange 国際交流活動を目的とした日本人学生サークル）メンバーに限定し、プログラムに直接関与した学生の範囲内でどのような成果があったかに注目することとした。

5.2.4　ステップ4　評価課題

ステップ3の3つの評価目標に対して、以下に示すとおり1.1から3.3まで8つの評価課題を設定した。

評価課題
1. プログラム実施目的の達成
    1.1　留学生の基礎的な科学技術日本語学習を含む日本語能力が向上したか
    1.2　留学生の日本社会や文化についての理解は深まったか
    1.3　協力してくれた本学学生への国際交流への意欲は以前より高まったか
2. 参加者の満足度
    2.1　留学生はプログラムで得られた成果にどの程度満足しているか
    2.2　協力してくれた本学学生は、プログラムで得られた成果にどの程度満足しているか
3. プログラム内容および運営の適切さ
    3.1　各授業内容および実施方法は適切であったか
    3.2　授業以外のプログラム活動の内容および運営は適切であったか

3.3　留学生の生活面でのサポートは適切であったか

5.2.5　ステップ5　理論的枠組みと評価デザイン

　今回の評価は、2002年度の活動が終了した時点で当初の目標が達成されたかを査定する総括的評価で、2.4.13項で紹介したOwen（1999）の評価形式では「E型＝影響力評価」に相当する。ただしプログラムを1994年から活動内容や運営方法について、さまざまな改良を加えながら続けている継続的な活動として見る場合は、プログラムを継続して実施する過程上での形成的評価と見なすこともできる。すなわち、意図された目的が達成できているかを確認しながら、軌道修正が必要かどうかを検討するための評価である。

　本来、総括的な評価を行う場合は外部者による評価が理想とされるが、今回は適する外部評価担当者が得られなかったため、プログラム担当者が行う内部評価となり、形成的評価の色合いが強いものとなった。

　評価デザインについて、「E型＝影響力評価」では、実験／統制群の比較や時系列比較がよく用いられる。しかし、このプログラムでは、比較可能な統制群を設定することが不可能なため、プログラムの事前―事後の比較を中心とする時系列の比較によるデザインを選択した。

5.2.6　ステップ6　実施条件・制限

　今回の評価活動では時間的制約が大きかった。留学生はプログラム終了2日後には本学を離れること、また協力した本学学生も夏期休暇で不在となることから、学生対象の評価作業はプログラム終了後数日以内に実施しなければならなかった。そのため日本語担当教員4名にも留学生への会話テスト・筆記試験、個別面談の実施、アンケートの集計作業に協力を依頼した。なお、必要な経費は、業者によるインタビュー録音（のべ7.25時間分）の文字化代金のみであった。

5.2.7　ステップ7[4]　下位の質問

　ステップ4の8つの評価課題に対し、表5–1のような合計30の下位の質問を設定した。

表 5-1　下位の質問

評価の目標	**1）プログラム実施目的の達成＝ KIT-IJST 2002 が、プログラム参加者（留学生）および協力者（本学学生アルバイトおよび SGE メンバー）に対して、プログラムの目標を達成できたかどうかを検証する。**
評価課題　1.1	留学生の基礎的な科学技術日本語学習を含む日本語能力が向上したか
下位の質問　1.1(1)	日本語での会話能力が向上したか
1.1(2)	日本語文法の知識および理解が深まったか
1.3(3)	基礎的な科学技術日本語を学習できたか
評価課題　1.2	留学生の日本社会や文化についての理解は深まったか
下位の質問　1.2(1)	日本人と交流できたか
1.2(2)	日本の社会や文化について理解が深まったか
評価課題　1.3	協力してくれた本学学生への国際交流への意欲は以前より高まったか
下位の質問　1.3(1)	留学生と積極的に交流できたか
1.3(2)	国際交流への興味・関心は高まったか
1.3(3)	外国人と交流をすることの自信が増したか
評価の目標	**2）参加者の満足度＝プログラム参加者（留学生）および協力者（本学学生アルバイトおよび SGE メンバー）が、プログラムで得られた成果にどの程度満足しているかを明らかにする。**
評価課題　2.1	留学生はプログラムで得られた成果に満足しているか
下位の質問　2.1(1)	プログラムで達成を期待することは何か（言語学習 / 文化理解・体験 / その他の面で）
2.1(2)	当初の期待はどの程度達成できたか（言語学習 / 文化理解・体験 / その他の面で）
2.1(3)	当初期待しなかったことで、特にどのようなことがよかったと思うか
2.1(4)	当初期待しなかったことを含めて、プログラムで得られた成果に対してどの程度満足しているか
2.1(5)	不満なことは何か
評価課題　2.2	協力してくれた本学学生は、プログラムで得られた成果にどの程度満足しているか
下位の質問　2.2(1)	アルバイトに応募した理由は何か
2.2(2)	当初の期待はどの程度達成できたか
2.2(3)	当初期待しなかったことで、特にどのようなことがよかったと思うか
2.2(4)	当初期待しなかったことを含めて、プログラムで得られた成果に対してどの程度満足しているか

2.2(5) 不満なことは何か
2.2(6) SGE に加わった理由は何か
2.2(7) プログラム開始前は、プログラムでどのような体験ができると期待していたか
2.2(8) 当初の期待はどの程度達成できたか
2.2(9) 当初期待しなかったことで、特にどのようなことがよかったと思うか
2.2(10) 当初期待しなかったことを含めて、プログラムで得られた成果に対してどの程度満足しているか
2.2(11) 不満なことは何か

評価の目標　3）プログラム内容および運営の適切さ＝プログラムの内容および運営が適切であったかどうかを判定する。
評価課題　3.1　各授業内容および実施方法は適切であったか
下位の質問　3.1(1) 日本語コミュニケーション I-II
　　　　　　3.1(2) 科学技術日本語 I (前半)／カレッジジャパニーズ
　　　　　　3.1(3) 科学技術日本語 I (後半)／科学技術日本語 II
　　　　　　3.1(4) 日本事情
評価課題　3.2　授業以外のプログラム活動の内容および運営は適切であったか
下位の質問　3.2(1) 授業以外のプログラム活動の内容および運営は適切であったか
評価課題　3.3　留学生の生活面でのサポートは適切であったか
下位の質問　3.3(1) 留学生の生活面でのサポートは適切であったか

5.2.8　ステップ 8[5]　評価の全体計画

　ステップ 7 で設定した下位の質問について回答者やデータ収集方法などを検討し、Frechtling (1993) が提案する形のデザインマトリクスにまとめた（表5-2）。
　表 5-2 のマトリクスには、この後のデータ処理を円滑に行うために、回答者、実施時期に対して表 5-3 のような数字コードを付けてある。

表 5-2 評価質問デザイン

1) プログラム実施目的の達成：KIT-IJST 2002 が、プログラム参加者（留学生）および協力者（本学学生アルバイトおよび SGE メンバー）に対して、プログラムの目標を達成できたかどうかを検証する

1.1 留学生の基礎的な科学技術日本語学習を含む日本語能力が向上したか

下位の質問	回答者	データ収集方法	データの特性	実施時期
1.1(0) 開始時の日本語能力はどの程度か（後日追加した質問）	1留学生	自己評価（前）	量、質、プロダクト	1開始時
1.1(0) 開始時の日本語能力はどの程度か（同上）	21教員	会話テスト（前）	量、質、プロダクト	1開始時
1.1(0) 開始時の日本語能力はどの程度か（同上）	21教員	筆記試験（前）	量、質、プロダクト	1開始時
1.1(1) 日本語での会話能力が向上したか	21教員	会話テスト（後）	量、質、プロダクト	3終了時
1.1(1) 日本語での会話能力が向上したか	1留学生	留学生アンケート	量、質、自己評価	3終了時
1.1(1) 日本語での会話能力が向上したか	1留学生	自己評価（後）	量、質、自己評価	3終了時
1.1(1) 日本語での会話能力が向上したか	3 OIP 職員	インタビュー	質	3終了時
1.1(1) 日本語での会話能力が向上したか	41アルバイト	アンケート／FG	質	3終了時
1.1(1) 日本語での会話能力が向上したか	42 SGE	アンケート／FG	質	3終了時
1.1(2) 日本語文法の知識および理解が深まったか	—	筆記試験（前）	量、プロダクト	1開始時
1.1(2) 日本語文法の知識および理解が深まったか	—	筆記試験（後）	量、プロダクト	3終了時
1.1(2) 日本語文法の知識および理解が深まったか	1留学生	留学生アンケート	量、自己評価	3終了時
1.1(2) 日本語文法の知識および理解が深まったか	21教員	授業資料	質、観察	2全期間
1.1(2) 日本語文法の知識および理解が深まったか	1留学生	自己評価（後）	量、質、自己評価	3終了時
1.3(2) 基礎的な科学技術日本語を学習できたか	—	プロジェクト発表成績	量、質、プロダクト	3終了時
1.3(3) 基礎的な科学技術日本語を学習できたか	1留学生	留学生アンケート	量、質、自己評価	3終了時

1.2 留学生の日本社会や文化についての理解は深まったか

下位の質問	回答者	アンケート、個人面談、資料		実施時期
1.2(0) 開始時の日本社会や文化についての理解はどの程度か（後日追加した質問）	1留学生	自己評価（前）	量、質	1開始時
1.2(1) このプログラムは日本人との交流の機会を提供できたか	1留学生	留学生アンケート	量、質	3終了時
1.2(1) このプログラムは日本人との交流の機会を提供できたか	1留学生	留学生個人面談	量、質	3終了時
1.2(1) このプログラムは日本人との交流の機会を提供できたか	—	プログラム資料	量、質	3終了時
1.2(2) 日本の社会や文化について理解が深まったか	21教員	授業資料・成績	量、質、観察	3終了時
1.2(2) 日本の社会や文化について理解が深まったか	1留学生	留学生アンケート	量、質、自己評価	3終了時
1.2(2) 日本の社会や文化について理解が深まったか	1留学生	留学生個人面談	量、質、自己評価	3終了時

1.2(2)	日本の社会や文化について理解が深まったか	1 留学生				3 終了時
1.3	協力してくれた本学学生への国際交流への意欲は以前より高まったか					
1.3(1)	留学生と積極的に交流できたか	41 アルバイト	バイトアンケート	量、質、自己評価		3 終了時
1.3(1)	留学生と積極的に交流できたか	41 SGE	SGEアンケート	量、質、自己評価		3 終了時
1.3(1)	留学生と積極的に交流できたか	41 アルバイト	アルバイトFG	量、質、自己評価		3 終了時
1.3(1)	留学生と積極的に交流できたか	42 SGE	SGE-FG	質、自己評価		3 終了時
1.3(2)	国際交流への興味・関心は高まったか	41 アルバイト	バイトアンケート	量、質、自己評価		3 終了時
1.3(2)	国際交流への興味・関心は高まったか	42 SGE	SGEアンケート	量、質、自己評価		3 終了時
1.3(2)	国際交流への興味・関心は高まったか	41 アルバイト	アルバイトFG	質、インタビュー		3 終了時
1.3(2)	国際交流への興味・関心は高まったか	42 SGE	SGE-FG	質、インタビュー		3 終了時
1.3(3)	外国人と交流をすることの自信が増したか	41 アルバイト	バイトアンケート	量、質、自己評価		3 終了時
1.3(3)	外国人と交流をすることの自信が増したか	42 SGE	SGEアンケート	量、質、自己評価		3 終了時
1.3(3)	外国人と交流をすることの自信が増したか	41 アルバイト	アルバイトFG	質、インタビュー		3 終了時
1.3(3)	外国人と交流をすることの自信が増したか	42 SGE	SGE-FG	質、インタビュー		3 終了時

2) 参加者の満足度：プログラム参加者（留学生および協力者（本学学生アルバイトおよびSGEメンバー）が、プログラムで得られた成果にどの程度満足しているかを明らかにする。

2.1	留学生はプログラムで得られた成果に満足しているか		アンケート、個人面談			
2.1(1)	プログラムで得られた成果を期待することは何か（言語学習／文化理解／体験／その他の面で）	1 留学生	事前自己評価	量、質		1 開始時
2.1(2)	当初の期待はどの程度達成できたか（言語学習／文化理解／体験／その他の面で）	1 留学生	事後自己評価	量、質		3 終了時
2.1(3)	当初期待しなかったことで、特にどのようなことがよかったと思うか	1 留学生	留学生アンケート	質		3 終了時
2.1(3)	当初期待しなかったことで、特にどのようなことがよかったと思うか	1 留学生	事後自己評価	質		3 終了時
2.1(4)	当初期待しなかったことを含めて、プログラムで得られた成果に対してどの程度満足しているか	1 留学生	留学生アンケート	量		3 終了時
2.1(4)	当初期待しなかったことを含めて、プログラムで得られた成果に対してどの程度満足しているか	1 留学生	事後自己評価	量		3 終了時
2.1(5)	不満なことは何か	1 留学生	留学生アンケート	量、質		3 終了時
2.1(5)	不満なことは何か	1 留学生	事後自己評価	質		3 終了時
2.1(6)	プログラム全体での体験に満足しているか／参加してよかったと思うか	1 留学生	留学生アンケート	量、質		3 終了時
2.1(6)	プログラム全体での体験に満足しているか／参加してよかったと思うか	1 留学生	事後自己評価	量、質		3 終了時
2.2	協力してくれた本学学生は、プログラムで得られた成果にどの程度満足しているか		申し込み用紙、アンケート、FG			
2.2(1)	アルバイトに応募した理由は何か	41 アルバイト	申し込み用紙質問	量		0 事前
2.2(2)	当初の期待はどの程度達成できたか	41 アルバイト	バイトアンケート	量		3 終了時

2.2(3)	当初期待しなかったことで、特にどのようなことがよかったと思うか	41 アルバイト	バイトアンケート		質	3 終了時
2.2(3)	当初期待しなかったことで、特にどのようなことがよかったと思うか	41 アルバイト	アルバイト FG		質	3 終了時
2.2(4)	当初期待しなかったことを含めて、プログラムで得られた成果に対してどの程度満足しているか	41 アルバイト	バイトアンケート		量, 質	3 終了時
2.2(5)	不満なことは何か	41 アルバイト	バイトアンケート		質	3 終了時
2.2(5)	不満なことは何か	41 アルバイト	アルバイト FG		質	3 終了時
2.2(6)	SGE に加わった理由は何か	42 SGE	SGE アンケート		質, 自己評価	3 終了時
2.2(7)	プログラム開始前は、プログラムでどのような体験ができると期待していたか	42 SGE	SGE アンケート		質, 自己評価	3 終了時
2.2(7)	プログラム開始前は、プログラムでどのような体験ができると期待していたか	42 SGE	SGE-FG		質, 自己評価	3 終了時
2.2(8)	当初の期待はどの程度達成できたか	42 SGE	SGE アンケート		量	3 終了時
2.2(8)	当初の期待はどの程度達成できたか	42 SGE	SGE-FG		質	3 終了時
2.2(9)	当初期待しなかったことで、特にどのようなことがよかったと思うか	42 SGE	SGE アンケート		質	3 終了時
2.2(9)	当初期待しなかったことで、特にどのようなことがよかったと思うか	42 SGE	SGE-FG		質	3 終了時
2.2(10)	当初期待しなかったことを含めて、プログラムで得られた成果に対してどの程度満足しているか	42 SGE	SGE アンケート		量	3 終了時
2.2(10)	当初期待しなかったことを含めて、プログラムで得られた成果に対してどの程度満足しているか	42 SGE	SGE-FG		質	3 終了時
2.2(11)	不満なことは何か	42 SGE	SGE アンケート		質	3 終了時
2.2(11)	不満なことは何か	42 SGE	SGE-FG		質	3 終了時

3) プログラム内容および運営の適切さ：プログラムの内容および運営が適切であったかどうかを判定する。

3.1	各授業内容および実施方法は適切であったか		留学生アンケート、教員インタビュー		
3.1(1)	日本語コミュニケーション I-II	1 留学生	留学生アンケート	量、質、受ける側	3 終了時
3.1(1)	日本語コミュニケーション I-II	22 担当教員	教員インタビュー	量、質、教える側	3 終了時
3.1(2)	科学技術日本語 I (前半)／カレッジジャパニーズ	1 留学生	留学生アンケート	量、質、受ける側	3 終了時
3.1(2)	科学技術日本語 I (前半)／カレッジジャパニーズ	22 担当教員	教員インタビュー	量、質、教える側	3 終了時
3.1(3)	科学技術日本語 I (後半)／科学技術日本語 II	1 留学生	留学生アンケート	量、質、受ける側	3 終了時
3.1(3)	科学技術日本語 I (後半)／科学技術日本語 II	22 担当教員	教員インタビュー	量、質、教える側	3 終了時
3.1(4)	日本事情	1 留学生	留学生アンケート	量、質、受ける側	3 終了時
3.1(4)	日本事情	22 担当教員	教員インタビュー	量、質、教える側	3 終了時
3.2	授業以外のプログラム活動の内容および運営は適切であったか		留学生アンケート、教員インタビュー、職員インタビュー		
3.2(1)	授業以外のプログラム活動の内容および運営は適切であったか	1 留学生	留学生アンケート	量、質、受ける側	3 終了時
3.2(1)	授業以外のプログラム活動の内容および運営は適切であったか	22 担当教員	教員インタビュー	量、質、実施側	3 終了時

		3OIP職員	職員インタビュー	量、質、実施側	3 終了時
3.2(1)	授業以外のプログラム活動の内容および運営は適切であったか		留学生アンケート、教員アンケート		
3.3	留学生の生活面でのサポートは適切であったか	1 留学生	留学生アンケート	量、質、受ける側	3 終了時
3.3(1)	留学生の生活面でのサポートは適切であったか	22 担当教員	教員インタビュー	量、質、支援する側	3 終了時
3.3(1)	留学生の生活面でのサポートは適切であったか	3OIP職員	職員インタビュー	量、質、支援する側	3 終了時

B. 長期的観点からのプログラム評価(参考調査)

4) プログラム参加者へのインパクト：KIT-IJST (以前のKIT-SPJを含む)での体験が、長期的に見て、参加者にどのようなインパクトを与えたかを明らかにする。

4.1	習得した日本語や日本文化・社会に関する知識は活かされているか	以前の参加者	アンケート	量、報告	5-2001.11
4.1(1)	現在どこに住んでいるか	以前の参加者	アンケート	量、質、報告	5-2001.11
4.1(2)	プログラム参加後、日本語学習を続けたか	以前の参加者	アンケート	量、質、報告	5-2001.11
4.1(3)	現在の職業あるいは専攻分野は何か	以前の参加者	アンケート	量、質、報告	5-2001.11
4.1(4)	仕事や学業で日本語を使うか	以前の参加者	アンケート	量、質、自己評価	5-2001.11
4.1(5)	現在の日本語能力はどの程度か	以前の参加者	アンケート	量、質、報告	5-2001.11
4.1(6)	日本人と交流があるか				
4.2	プログラム参加経験は参加者にどのような影響・インパクトを与えたか				
4.2(1)	プログラム参加経験は国際交流意識や日本理解の面で影響・インパクトを与えたか	以前の参加者	アンケート	量、質、自己評価	5-2001.11

5) 送り出し大学側でのニーズ充足度：KIT-IJSTは送り出し大学側でのニーズを満たしているかを検証する。

5.1	送り出し側でこのプログラムを実施する目的は何か	送り出し側大学担当者	アンケート	質、報告	6-2002.8

5.2 ニーズを満たしているか

5.2(1)	上記の目的をどの程度達成しているか	送り出し側大学担当者	アンケート	質、報告	6-2002.8
5.2(2)	このプログラムは、参加者およびその他の学生にどのような影響をあたえているのか	送り出し側大学担当者	アンケート	質、報告	6-2002.8
5.2(3)	参加者からどのような感想を聞いているか	送り出し側大学担当者	アンケート	質、報告	6-2002.8

5.3 今後改善を望む問題点は何か

5.3(1)	各面において今後改善を望む問題点は何か	送り出し側大学担当者	アンケート	質、報告	6-2002.8
5.3(2)	現在の履修単位12単位は適当か	送り出し側大学担当者	アンケート	質、報告	6-2002.8
5.3(3)	6週間プログラムの他に、もっと長期のプログラムが必要か	送り出し側大学担当者	アンケート	質、報告	6-2002.8

表 5-3　マトリクス用コード

回答者	コード
留学生	1
教員全員	21
日本語担当教員	22
国際交流室職員	3
アルバイト日本人学生(会話パートナー/プロジェクトパートナー)	41
学生サークル SGE メンバー	42

実施時期	コード
開始時	1
全期間	2
終了時	3

　マトリクス作成用のソフトには Excel を用いた。Excel の「並べ替え」機能で、このコードを付与した実施時期や回答者を優先して質問を並べ替えると、どの時期に誰に何を実施するかを整理することが容易になった(表 5-4)。この並べ替えをしたマトリクスでは、あるデータ収集方法にどのような質問を含めるべきかを一覧として見ることができる。この質問の一覧は、後述のツール準備作業(ステップ 11)においてアンケート用紙作成に活用できるため、効率的に作業を進めるのに大変有用であった。

5章 日本語教育でのプログラム評価事例研究　103

表5-4 実施時期・回答者ごとのデータ収集方法・下位の質問

実施時期	回答者	データ収集方法	下位の質問	データの特性
0 事前	41アルバイト	申し込み用紙質問	2.2(1) アルバイトに応募した理由は何か	量
1 開始時	1留学生	自己評価(前)	1.1(0) 開始時の日本語能力はどの程度か	量、質
1 開始時	1留学生	自己評価(前)	1.2(0) 開始時の日本社会や文化についての理解はどの程度か	量、質
1 開始時	—	筆記試験(前)	1.1(0) 開始時の日本語能力はどの程度か	量、プロダクト
1 開始時	1留学生	事前アンケート	2.1(1) プログラムで達成を期待することは何か(言語学習/文化理解・体験/その他の面で)	量、質
1 開始時	21教員	会話テスト(前)	1.1(0) 開始時の日本語能力はどの程度か	量、質、プロダクト
2 全期間	21教員	授業資料	1.1(2) 日本語文法の知識および理解が深まったか	量、質、プロダクト
3 終了時	—	プログラム資料	1.2(1) このプログラムは日本人との交流の機会を提供できたか	量、質
3 終了時	—	プロジェクト発表成績	1.3(3) 基礎的な科学技術日本語を学習できたか	量、質、プロダクト
3 終了時	—	筆記試験(後)	1.1(2) 日本語文法の知識および理解が深まったか	量、質、プロダクト
3 終了時	1留学生	自己評価(後)	1.1(1) 日本語での会話能力が向上したか	量、質
3 終了時	1留学生	自己評価(後)	1.1(2) 日本語文法の知識および理解が深まったか	量、質
3 終了時	1留学生	自己評価(後)	1.2(2) 日本の社会や文化について理解が深まったか	量、質
3 終了時	1留学生	留学生アンケート	3.1(1) 日本語コミュニケーションI-II	量、質、受ける側
3 終了時	1留学生	留学生アンケート	3.1(2) 科学技術日本語I(前半)/カレッジジャパニーズ	量、質、受ける側
3 終了時	1留学生	留学生アンケート	3.1(3) 科学技術日本語I(後半)/科学技術日本語II	量、質、受ける側
3 終了時	1留学生	留学生アンケート	3.1(4) 日本事情	量、質、受ける側
3 終了時	1留学生	留学生アンケート	3.3(1) 授業以外のプログラム活動の内容および運営は適切であったか	量、質、受ける側
3 終了時	1留学生	留学生アンケート	3.4(1) 留学生の生活面でのサポートは適切であったか	量、質、受ける側
3 終了時	1留学生	留学生アンケート	1.1(1) 日本語での会話能力が向上したか	量、質、自己評価

実施時期	回答者	データ収集方法	下位の質問		データの特性
3 終了時	1 留学生	留学生アンケート	1.1(2)	日本語文法の知識および理解が深まったか	量、自己評価
3 終了時	1 留学生	留学生アンケート	1.3(3)	基礎的な科学技術日本語を学習できたか	量、自己評価
3 終了時	1 留学生	留学生アンケート	1.2(2)	このプログラムは日本人との交流の機会を提供できたか	
3 終了時	1 留学生	留学生アンケート	1.2(2)	日本の社会や文化について理解が深まったか	量、自己評価
3 終了時	1 留学生	留学生アンケート	1.2(5)	日本の社会について、特にどのようなことがよかったと思うか	質
3 終了時	1 留学生	留学生アンケート	2.1(1)	当初期待しなかったことで、特にどのようなことがよかったと思うか	量
3 終了時	1 留学生	留学生アンケート	2.1(4)	当初期待しなかったことを含めて、プログラムで得られた成果に対してどの程度満足しているか	量
3 終了時	1 留学生	留学生アンケート	2.1(5)	不満なこととは何か	量
3 終了時	1 留学生	留学生個人面談	1.2(1)	このプログラムは日本人との交流の機会を提供できたか	量、自己評価
3 終了時	1 留学生	留学生個人面談	1.2(2)	日本の社会や文化について理解が深まったか	量
3 終了時	1 留学生	留学生個人面談	2.1(2)	当初の期待はどの程度達成できたか(言語学習/文化理解・体験/その他の面で)	量
3 終了時	1 留学生	留学生個人面談	2.1(3)	日本の社会について理解できたか、特にどのようなことがよかったと思うか	質
3 終了時	1 留学生	留学生個人面談	2.1(4)	当初期待しなかったことを含めて、プログラムで得られた成果に対してどの程度満足しているか	量
3 終了時	1 留学生	留学生個人面談	2.1(5)	不満なこととは何か	質
3 終了時	21 教員	会話テスト(後)	1.1(1)	日本語での会話能力が向上したか	量、質、プロダクト
3 終了時	21 教員	授業資料	1.1(1)	日本語での会話能力が向上したか	質、観察
3 終了時	21 教員	授業資料・成績	1.2(2)	日本の社会や文化について理解が深まったか	量、質、観察
3 終了時	22 担当教員	教員アンケート・インタビュー	3.1(1)	日本語コミュニケーション I-II	量、質、教える側
3 終了時	22 担当教員	教員アンケート・インタビュー	3.1(2)	科学技術日本語 I (前半) / カレッジジャパンニーズ	量、質、教える側
3 終了時	22 担当教員	教員アンケート・インタビュー	3.1(3)	科学技術日本語 I (後半) / 科学技術日本語 II	量、質、教える側
3 終了時	22 担当教員	教員アンケート・インタビュー	3.1(4)	日本事情	量、質、教える側
3 終了時	22 担当教員	教員アンケート・インタビュー	3.3(1)	授業以外のプログラム活動の内容および運営は適切であったか	量、質、実施側
3 終了時	22 担当教員	教員アンケート・インタビュー	3.4(1)	留学生の生活面でのサポートは適切であったか	量、質、支援する側
3 終了時	3 OIP職員	インタビュー	1.1(1)	日本語での会話能力が向上したか	質

5章　日本語教育でのプログラム評価事例研究　105

実施時期	回答者	データ収集方法	下位の質問	データの特性
3 終了時	OIP職員	職員アンケート/インタビュー	3.3(1) 授業以外のプログラム活動の内容および運営は適切であったか	量、質、実施側
3 終了時	OIP職員	職員アンケート/インタビュー	3.4(1) 留学生の生活面でのサポートは適切であったか	量、質、支援する側
3 終了時	41アルバイト	アンケート/FG	1.1(1) 日本語での会話能力が向上したか	質
3 終了時	41アルバイト	バイト/SGEアンケート	1.3(1) 留学生と積極的に交流できたか	量、質、自己評価
3 終了時	41アルバイト	バイト/SGEアンケート	1.3(2) 国際交流への興味・関心は高まったか	量、質、自己評価
3 終了時	41アルバイト	バイト/SGEアンケート	1.3(3) 外国人と交流をすることの自信が増したか	量、質、自己評価
3 終了時	41アルバイト	バイト/SGEアンケート	2.2(2) 当初の期待はどの程度達成できたか	量
3 終了時	41アルバイト	バイト/SGEアンケート	2.2(3) 当初期待しなかったことで、特にどのようなことがよかったと思うか	質
3 終了時	41アルバイト	バイト/SGEアンケート	2.2(4) 当初期待しなかったことを含めて、プログラムから得られた成果に対してどの程度満足しているか	量
3 終了時	41アルバイト	バイト/SGEアンケート	2.2(5) 不満なことは何か	質
3 終了時	41アルバイト	バイト/SGEアンケート/FG	1.3(1) 留学生と積極的に交流できたか	量、質、自己評価
3 終了時	41アルバイト	バイト/SGEアンケート/FG	1.3(2) 国際交流への興味・関心は高まったか	質、インタビュー
3 終了時	41アルバイト	バイト/SGEアンケート/FG	1.3(3) 外国人と交流をすることの自信が増したか	質、インタビュー
3 終了時	41アルバイト	バイト/SGEアンケート/FG	2.2(3) 当初期待しなかったことで、特にどのようなことがよかったと思うか	質
3 終了時	41アルバイト	バイト/SGEアンケート/FG	2.2(5) 不満なことは何か	質
3 終了時	42SGE	アンケート/FG	1.1(1) 日本語での会話能力が向上したか	質
3 終了時	42SGE	SGEアンケート	2.2(6) SGEに加わった理由は何か	質、自己評価
3 終了時	42SGE	SGEアンケート	2.2(7) プログラム開始前は、プログラムでどのような体験ができると期待していたか	質、自己評価
3 終了時	42SGE	バイト/SGEアンケート	1.3(1) 留学生と積極的に交流できたか	量、質、自己評価
3 終了時	42SGE	バイト/SGEアンケート	1.3(2) 国際交流への興味・関心は高まったか	量、質、自己評価
3 終了時	42SGE	バイト/SGEアンケート	1.3(3) 外国人と交流をすることの自信が増したか	量、質、自己評価
3 終了時	42SGE	バイト/SGEアンケート	2.2(8) 当初の期待はどの程度達成できたか	量
3 終了時	42SGE	バイト/SGEアンケート	2.2(9) 当初期待しなかったことで、特にどのようなことがよかったと思うか	質
3 終了時	42SGE	バイト/SGEアンケート	2.2(10) 当初期待しなかったことを含めて、プログラムから得られた成果に対してどの程度満足しているか	量
3 終了時	42SGE	バイト/SGEアンケート	2.2(11) 不満なことは何か	質

実施時期	回答者	データ収集方法	下位の質問	データの特性
3 終了時	42SGE	SGE-FG	1.3(1) 留学生と積極的に交流できたか	量、自己評価
3 終了時	42SGE	SGE-FG	1.3(2) 国際交流への興味・関心は高まったか	質、インタビュー
3 終了時	42SGE	SGE-FG	1.3(3) 外国人と交流をすることの自信が増したか	質、インタビュー
3 終了時	42SGE	SGE-FG	2.2(7) プログラム開始前は、プログラムでどのような体験ができると期待していたか	質、自己評価
3 終了時	42SGE	SGE-FG	2.2(8) 当初の期待はどの程度達成できたか	質、量
3 終了時	42SGE	SGE-FG	2.2(9) 当初期待しなかったことで、特にどのようなことがよかったと思うか	質
3 終了時	42SGE	SGE-FG	2.2(10) 当初期待しなかったことも含めて、プログラムで得られた成果に対しどの程度満足しているか	量
3 終了時	42SGE	SGE-FG	2.2(11) 不満なこととは何か	質
4-2002.9.10	43 以前アルバイト	アンケート	4.1(1) プログラム参加体験で、国際交流への興味・関心は高まったか	量、自己評価
4-2002.9.10	43 以前アルバイト	アンケート	4.1(2) 外国人と交流をすることの自信が増したか	量、自己評価
4-2002.9.10	43 以前アルバイト	アンケート	4.1(3) 国際交流あるいは国際的な行動に関する自分の考え方に、どのような影響があったか	質、自己評価
4-2002.9.10	43 以前アルバイト	アンケート	4.1(4) 体験後何か国際交流に関連する活動を行ったか(海外研修参加、派遣留学応募、その他)	量、質、報告
5-2001.11	以前の参加者	アンケート	5.1(1) 現在どこに住んでいるか	量、報告
5-2001.11	以前の参加者	アンケート	5.1(2) プログラム参加後、日本語学習を続けたか	量、報告
5-2001.11	以前の参加者	アンケート	5.1(3) 現在の職業あるいは専攻分野は何か	量、報告
5-2001.11	以前の参加者	アンケート	5.1(4) 仕事や学業で日本語を使うか	量、報告
5-2001.11	以前の参加者	アンケート	5.1(5) 現在の日本語能力はどの程度か	量、質、自己評価
5-2001.11	以前の参加者	アンケート	5.1(6) 日本人と交流があるか	量、報告
5-2001.11	以前の参加者	アンケート	5.2(1) プログラム参加経験はどのような影響・インパクトを与えたか	量、質、自己評価
6-2002.8	派出機関学担当者	アンケート	6.1(1) このプログラムが送り出し側でどのように位置付けられているか	質、報告
6-2002.8	派出機関学担当者	アンケート	6.1(2) ニーズを満たしているか	量、自己評価
6-2002.8	派出機関学担当者	アンケート	6.1(3) プログラムの開始により、学内に変化は見られたか	質、報告
6-2002.8	派出機関学担当者	アンケート	6.1(4) 今後改善を望む問題点は何か	質、報告

続いて、できあがったデザインマトリクスをもとに、データのタイプなどをチェックし、多面的かつ多様な評価ができるか、すなわちトライアンギュレーションが可能な設計になっているかを確認した。下位の質問「1.1(1)日本語での会話能力が向上したか」を例に検証すると、表5–5のようになる。

表5–5　下位の質問1.1(1)に関するトライアンギュレーション

データソース	手法	データのタイプ
留学生自身	自己評価 アンケート、個人面談の質問 筆記試験	量+質 量+質 量
教員	会話テスト インタビュー / FG	質 量+質
職員	インタビュー	質
本学学生（アルバイト + SGE）	アンケート / FG	量+質

5.2.9　ステップ9[6]　評価の尺度および基準

現在のところ、今回の評価課題に対して適当と思われる既存の評価尺度や基準は見つからなかった。そのために、今回は評価担当者である筆者が、表5–6のような評価の尺度や基準を適宜判断して設定した。

今回の評価のデザインは、プログラム事前—事後での状況の比較が中心である。そのため、筆記試験など前後のスコアの比較を行う量的データものについては、前後で統計的有意差があることを達成の基準とした。アンケート回答の平均値などについては、適当と思われるスコアを筆者が任意に設定した。さらに、多くの基準は量的分析にもとづくが、最終的な結論を出すためには、質的データから得られた情報も考慮しながら、総合的に判断することとした。

表 5-6　評価の尺度および基準

評価課題	尺度	評価基準
1) プログラム実施目的の達成：KIT-IJST 2002 が、プログラム参加者（留学生）および協力者（本学学生アルバイトおよび SGE メンバー）に対して、プログラムの目標を達成できたかどうかを検証する		
1.1 留学生の基礎的な科学技術日本語学習を含む日本語能力が向上したか	自己評価	開始時と終了時に行う留学生の自己評価での参加者全体のポイント平均が統計的に有意な差と認められる。
	筆記試験の成績	開始時と終了時に行う日本語テストの参加者全体の得点平均が統計的に有意な差と認められる。
	会話テストの成績	開始時と終了時に行う会話テストの参加者全体のポイント平均が統計的に有意な差と認められる。
	授業の成果物、進捗レポート	クラス 2 と 3 の学生のうちの 2/3 以上の学生が、プロジェクトの成果発表で、授業で導入した科学技術表現を 5 つ以上正しく用いることができる。
	その他のデータ	
1.2 留学生の日本社会や文化についての理解は深まったか	自己評価	開始時と終了時に行う自己評価での文化理解尺度に対するポイントについて、4 分野のうち 2 分野以上で、参加者全体の自己評価ポイント平均が統計的に有意な差と認められる。
	アンケート	アンケートで参加者全体の回答平均が 5 点満点で 4.0 以上になる。
	授業の成績	「日本事情」科目の成績で「学習態度(20 点分)」を除く得点の参加者全体平均が 80 点満点で 60 点以上になる。
	その他のデータ	
1.3 協力してくれた本学学生への国際交流への意欲は以前より高まったか	アンケート	アンケートで国際交流への「興味・関心」と「自信」についての質問で、回答者全体の平均ポイントが 5 点満点で 3.0 以上になる。
	FG	FG の国際交流への「興味・関心」に関する話題で、参加者の半数以上から興味・関心の高まりを示す発言がある。
	その他のデータ	
2) 参加者の満足度：プログラム参加者（留学生）および協力者（本学学生アルバイトおよび SGE メンバー）が、プログラムで得られた成果にどの程度満足しているかを明らかにする。		
2.1 留学生はプログラムで得られた成果に満足しているか	自己評価	プログラムで得られた成果（予期しなかったことも含む）に対して、2/3 以上の学生が 67%以上満足している。
	アンケート	アンケートで参加者全体の回答平均が 5 点満点で 4.0 以上になる。
	その他のデータ	

2.2 協力してくれた本学学生は、プログラムで得られた成果にどの程度満足しているか	アンケート	アンケートで回答者各グループの今回の体験での満足度が平均75%以上になる。
	FG	FGで今回の体験に対し、参加者の半数以上から満足したという意思を示す発言がある。
	その他のデータ	

3) プログラム内容および運営の適切さ：プログラムの内容および運営が適切であったかどうかを判定する。

3.1 各授業内容および実施方法は適切であったか	アンケート	関連する質問に対して、2/3以上の学生が適切と判断している、または平均点が3.4ポイント（67%）以上である。
	その他のデータ	

3.2 授業以外のプログラム活動の内容および運営は適切であったか	アンケート	関連する質問に対して、2/3以上の学生が適切と判断している、または平均点が3.4ポイント（67%）以上である。
	その他のデータ	個人面談資料

3.3 留学生の生活面でのサポートは適切であったか	アンケート	関連する質問に対して、2/3以上の学生が適切と判断している、または平均点が3.4ポイント（67%）以上である。
	その他のデータ	

5.2.10 ステップ 10　評価計画の調整

評価のデータ収集方法などを決めた後で、プログラムの活動予定に合わせて実際に評価活動を行う時期を検討した。評価活動とプログラムスケジュールを照合すると、次の表 5–7 のようになる。

表 5–7　KIT-IJST 2002 プログラムスケジュールと評価活動の関連

時期	プログラム活動	回答者	評価活動
5 月中	アルバイト学生募集	アルバイト学生	応募理由調査
6/5	プログラム開始	留学生	筆記試験、会話テスト、自己評価(前)
6/5–7/12	学習活動	留学生、教員	授業資料の保存
7/9–12	日本語授業最終週	留学生	筆記試験 / 会話テスト
7/12	プロジェクト授業最終日	アルバイト学生	アンケート
		留学生	自己評価(後)
7/13 午前	(なし)	アルバイト学生	FG
午後	フェアウェルパーティー	SGE	アンケート
7/15	留学生個人面談	留学生	個人面談、アンケート
7/16	プログラム終了	SGE	FG
7/17–25	資料整理、報告書作成	教職員	インタビュー / FG

各評価活動での対象回答者、データ収集方法、取り上げる評価課題の内容を一覧にすると表 5–8 のようになる。

5.2.11　ステップ 11　ツールの準備

今回準備したツールは、アンケート類 5 種、自己評価票 1 セット(プログラム前後)、面談やインタビューの質問リスト 5 種、文法を中心とした自作の筆記試験・会話テスト各 1 種であった(資料 5-2-1 ～資料 5-2-13 [7])。各質問ごとの評価手法をまとめたものが表 5–9 である。これらの準備は、各ツールに含むべき質問を、前出表 5–6 のようなデザインマトリクスから抽出し、英訳したり必要な選択肢を加えたりして、体裁を整えていけばよかった。さらにこの資料には、後の分析の参考とするために関連する評価尺度と基準も付記した。

5章 日本語教育でのプログラム評価事例研究　111

表 5-8　評価活動スケジュール

実施時期	実施日程	回答者	データ収集方法	評価課題	主な質問
0 事前	5月	41アルバイト	申し込み用紙質問	1.3	応募の理由
1 開始時	6/5	1留学生	筆記試験(前)	1.1	日本語能力
1 開始時	6/5	1留学生	自己評価(前)	1.1,1.2	プログラムで期待すること
1 開始時	6/5	21教員	会話テスト(前)	1.1	日本語能力
2 全期間	6/5-7/15	1留学生	プログラム資料	1.3	日本人との交流の機会、行事内容
2 全期間	6/5-7/15	1留学生 21教員	授業資料	1.1,1.2	日本語能力、日本文化・社会理解
2 全期間	6/5-7/15	1留学生	プロジェクト発表成績、レポート	1.1	科学技術日本語の学習
3 終了時	7/12	1留学生	筆記試験(後)	1.1	日本語能力
3 終了時	7/12	21教員	会話テスト(後)	1.1	日本語能力
3 終了時	7/12	1留学生	留学生アンケート	3	プログラム活動/サービス内容・方法の適切さ
				1.1,2.1	日本語能力向上についての自己分析
3 終了時	7/15	1留学生	留学生個人面談	1.1,1.2,2.1,3	日本人との交流の機会　日本理解　プログラムで達成できたこと　不満なこと
3 終了時	7/15	1留学生	自己評価(後)	1.1,1.2,2.1	日本語修得達成度　日本理解達成度　満足度
3 終了時	7/13配付	42SGE	SGEアンケート	1.3 2.2	SGE参加理由　期待していること　プログラムで達成できたこと
3 終了時	7/15？	42SGE	SGE-FG	1.3 2.2	交流の様子　プログラムで達成できたこと
3 終了時	7/18	21教員	授業資料	1.1,1.2	日本語能力、日本文化・社会理解
3 終了時	7/18	21教員	教員FG	1.1,1.2	日本語能力、日本文化・社会理解
3 終了時	7月下旬	22担当教員	教員アンケート	3.1,3.2	授業内容・方法の適切さ
3 終了時	7月下旬	3OIP職員	職員アンケート	3.4	活動内容、サービスの適切さ

留学生の自己評価票（前出資料 5-2-6）は、事前―事後の 2 種の質問用紙から成る。まず開始時に「ベースラインデータ」として自分の日本語能力と文化理解度を簡易化した ACTFL-OPI の評価基準と Wisconsin's Model Academic Standards for Foreign Languages の文化理解尺度基準を参考に、留学生に自己評価させる。そして終了時に各自最初の評価用紙を見ながら再度自己評価し、それに対する満足度を判定するという形式である。

　日本語の筆記試験（前出資料 5-2-12）は、文法項目のチェックを主とした自作のものを用いた。同じものを繰り返し用いる学習効果の影響は否めないが、比較を容易にするためにプログラムの前後で同じものを利用した。会話テスト（前出資料 5-2-13）は、ACTFL-OPI の資格を持つ教師が担当し、こちらも前後でほぼ同様の質問を用いた。

　日本人学生アルバイトの応募理由調査は、アルバイト応募用紙（前出資料 5-2-2）に挙げられたことがらの中から、各自が応募した理由を 3 つ選び、優先順で 1、2、3 と番号を記入する形とした。これは、プログラム終了時のアンケート（前出資料 5-2-3、5-2-4）の「パート 3　質問（2）　募集時の応募理由 3 つは、それぞれ何%ぐらいその目的を達成することができましたか。判断は直感でかまいません」という質問に答えるために、設定された質問であった。終了時のアンケート記入の際には、各自の応募用紙のコピーも配布して回答してもらった。

5.2.12　ステップ 12　協力要請

　アンケートやインタビューを実施する前には、回答者に当該評価活動の目的とその結果の用途、および回答することで不利益を被らないことを英語または日本語で説明し、承諾を得た。

5章 日本語教育でのプログラム評価事例研究　113

表5-9　質問と評価方法の一覧　　　　　　　　　　　　　　　　　　◎=主たる情報源　○=参考とする情報源

	留学生							日本人学生				教員	職員
	自己評価（前後）	筆記試験	会話テスト	アンケート	個人面談	授業資料	授業成績	会話PPG応募資料	会話PPアンケート	PojPアンケート	PojFG応募資料	SGEFG応募資料インタビュー	FGインタビュー
1) プログラム実施目的の達成：KIT-IJST 2002が、プログラム参加者（留学生）および協力者（本学学生アルバイトおよびSGEメンバー）に対して、プログラムの目標を達成できたかどうかを検証する													
1.1　留学生の基礎的な科学技術日本語学習を含む日本語能力が向上したか													
1.1 (0) 開始時の日本語能力はどの程度か	○	○	○										
1.1 (1) 日本語での会話能力が向上したか	◎		◎	○		○							
1.1 (2) 日本語文法の知識および理解が深まったか	◎	◎		○		○							
1.3 (3) 基礎的な科学技術日本語を学習できたか	◎			○		○	◎						

尺度（criteria）　評価基準（standards）
自己評価　開始時と終了時に行う留学生の自己評価での参加者全体のポイント平均が統計的に有意な差と認められる
筆記試験の成績　開始時と終了時に行う日本語テストの参加者全体の得点平均が統計的に有意な差と認められる
会話テストの成績　開始時と終了時に行う会話テストの参加者全体のポイント平均が統計的に有意な差と認められる
授業の成果レポート、進捗レポート　クラス2と3の学生のうちの2/3以上の学生が、授業で導入した科学技術表現を5つ以上正しく用いることができる。

1.2　留学生の日本社会や文化についての理解は深まったか													
1.2 (0) 開始時の日本社会や文化についての理解はどの程度か	○			○									
1.2 (1) このプログラムは日本人との交流の機会を提供できたか				◎	◎								
1.2 (2) 日本の社会や文化について理解が深まったか	◎				◎								

尺度（criteria）　評価基準（standards）
自己評価　開始時と終了時に行う自己評価の文化理解尺度に対するポイントについて、4項目のうち2分野以上で、参加者全体の自己評価ポイント平均が統計的に有意な差と認められる。
アンケート　アンケート参加者全体の回答平均が「学習態度（20点分）」を除く得点の参加者全体平均が60点以上になる。
授業の成績　「日本事情」科目の成績で「学習態度（20点分）」を除く得点の参加者全体平均が60点以上になる。

1.3　協力してくれた本学学生への国際交流への意欲は以前より高まったか													
1.3 (1) 留学生と積極的に交流できたか								◎	○				
1.3 (2) 国際交流への興味・関心は高まったか								◎	○				
1.3 (3) 外国人と交流をすることへの自信が増したか								◎	○				

尺度（criteria）　評価基準（standards）
アンケート　アンケートで国際交流への「興味・関心」と「自信」についての質問で、回答者の平均ポイントが3.0以上になる
FG　FGの国際交流への「興味、関心」に関する話題で、参加者の半数以上から興味・関心の高まりを示す発言がある。

2) 参加者の満足度：プログラム参加者（留学生）および協力者（本学学生）がアルバイトおよびSGEメンバー）が、プログラムで得られた成果にどの程度満足しているかを明らかにする。

◎＝主たる情報源　○＝参考とする情報源

	留学生	日本人学生	教員 職員
	自己評価（前後）／筆記試験／会話テスト／個人面談／授業資料／授業成績	会話PT／応募資料／会話PT／PI／FG／Proj／応募資料／PI／FG／Proj	SGET／SGFG／インタビュー／インタビュー

2.1 留学生はプログラムで得られた成果に満足しているか
2.1(1) プログラムで達成を期待することは何か（共同作業／言語学習／文化理解／体験／その他の面で） ◎
2.1(2) 当初の期待はどの程度達成できたか（言語学習／文化理解／体験／その他の面で） ◎
2.1(3) 当初期待しなかったことで、特にどのようなことがよかったと思うか ◎
2.1(4) 当初期待しなかったことを含めて、プログラムで得られた成果に対してどの程度満足しているか ◎ ○ ○ ○
2.1(5) 不満なことは何か ◎

尺度 (criteria) 評価基準 (standards)
自己評価（本人の判定）：プログラムで得られた成果（予期しなかったことも含む）に対して、2/3以上の学生が67％以上満足している

2.2 協力してくれた本学学生は、プログラムで得られた成果にどの程度満足しているか
2.2(1) アルバイトに応募した理由は何か ◎ ○
2.2(2) 当初の期待はどの程度達成できたか ◎ ○ ○
2.2(3) 当初期待しなかったことで、特にどのようなことがよかったと思うか ◎ ○ ○
2.2(4) 当初期待しなかったことを含めて、プログラムで得られた成果に対してどの程度満足しているか ◎ ○ ○
2.2(5) 不満なことは何か ◎
2.2(6) SGEに加わった理由は何か ◎ ○
2.2(7) プログラム開始前は、プログラムでどのような体験ができると期待していたか ◎ ○
2.2(8) 当初の期待はどの程度達成できたか ◎ ○
2.2(9) 当初期待しなかったことで、特にどのようなことがよかったと思うか ◎ ○
2.2(7) プログラム開始前は、プログラムでどのような体験ができると期待していたか ◎ ○
2.2(8) 当初の期待はどの程度達成できたか ◎ ○
2.2(9) 当初期待しなかったことを含めて、プログラムで得られた成果に対してどの程度満足しているか ◎ ○
2.2(10) 当初期待しなかったことを含めて、プログラムで得られた成果に対してどの程度満足しているか ◎ ○
2.2(11) 不満なことは何か ◎

5章　日本語教育でのプログラム評価事例研究　115

尺度 (criteria)　評価基準 (standards)
自己評価（本人の判定）　プログラムで得られた成果（予期しなかったことも含む）に対して、2/3以上の学生が67%以上満足している

◎＝主たる情報源　○＝参考とする情報源

	留学生							日本人学生			教員	職員
	自己評価（前後）	筆記試験	会話テスト	アンケート	個人面談	授業資料	授業成績	会話アンケート	応募資料	Proj.FG	SGEアンケート	SGEFG	FGインタビュー	インタビュー
3) プログラム内容および運営の適切さ：プログラムの内容および運営が適切であったかどうかを判定する。													
3.1 各授業内容および実施方法は適切であったか													
3.1(1) 日本語コミュニケーション I-II			◎	○	○	○						○	○
3.1(2) 科学技術日本語 I（前半）/カレッジジャパニーズ				◎	○	○	○					○	○
3.1(3) 科学技術日本語 I（後半）/科学技術日本語 II				◎	○	○	○					○	○
3.1(4) 日本事情				◎	○	○			◎				

尺度 (criteria)　評価基準 (standards)
アンケート　関連する質問に対して、2/3以上の学生が適切と判断している、または平均点が3.4ポイント（67%）以上である。

| 3.2 授業以外のプログラムの内容および運営は適切であったか | | | | | | | | | | | | | |
| 3.2(1) 授業以外のプログラム活動の内容および運営は適切であったか | | | | ◎ | ○ | | | | | | | ○ | ○ |

尺度 (criteria)　評価基準 (standards)
アンケート　関連する質問に対して、2/3以上の学生が適切と判断している、または平均点が3.4ポイント（67%）以上である。

| 3.3 留学生の生活面でのサポートは適切であったか | | | | | | | | | | | | | |
| 3.3(1) 留学生の生活面でのサポートは適切であったか | | | | ◎ | ○ | | | | | | | | ○ |

尺度 (criteria)　評価基準 (standards)
アンケート　関連する質問に対して、2/3以上の学生が適切と判断している、または平均点が3.4ポイント（67%）以上である。

5.3　KIT-IJST 2002 プログラム評価のデータ収集

データ収集は、前出の表 5-7 にあるスケジュールにしたがって進めた。参考までに、表 5-7 を再掲する。

表 5-7　KIT-IJST 2002 プログラムスケジュールと評価活動の関連（再掲）

時期	プログラム活動	回答者	評価活動
5月中	アルバイト学生募集	アルバイト学生	応募理由調査
6/5	プログラム開始	留学生	筆記試験、会話テスト、自己評価（前）
6/5-7/12	学習活動	留学生、教員	授業資料の保存
7/9-12	日本語授業最終週	留学生	筆記試験／会話テスト
7/12	プロジェクト授業最終日	アルバイト学生	アンケート
		留学生	自己評価（後）
7/13 午前	（なし）	アルバイト学生	FG
午後	フェアウェルパーティー	SGE	アンケート
7/15	留学生個人面談	留学生	個人面談、アンケート
7/16	プログラム終了	SGE	FG
7/17-25	資料整理、報告書作成	教職員	インタビュー／FG

　留学生の筆記試験（前出資料 5-2-12）と会話テスト（前出資料 5-2-13）は、プログラム開始時も終了時も、日本語授業の時間を利用して担当教員が実施した。同じく留学生の自己評価（前出資料 5-2-6）も、開始時はオリエンテーションの時間に、そして終了時はプロジェクト発表会が終わった後、日本人学生プロジェクトパートナーがアンケートに回答するのと並行して、留学生も各自自己評価を行った。一方、個人面談は、終了直前に留学生 1 名あたり 10 分程度の時間を決めて、日本語教員 2 名が、各学生の日本語学習の様子を振り返り今後への助言をする中で、前出資料 5-2-7 のような質問をする形で実施した。留学生からの回答は、教員のうちの 1 名がこの用紙に記録していった。

　アルバイト学生への FG は、7 月 13 日の午前中に会話パートナーを対象に 1 回、続いてプロジェクトパートナーは 2 回に分けて、それぞれ約 1 時

間ずつの時間を取って筆者が実施した。FG での基本的な質問は、事前に筆者が準備をした（前出資料 5-2-8）。ディスカッションの様子は、オーディオテープとビデオテープで記録を取り、後日録音書き起こし業者のサービスを利用して、デジタル情報として文字化した（資料 5-3）。SGE メンバーに対しての FG（前出資料 5-2-9）もプログラム修了翌日にアルバイト学生への FG と同様な形で実施した。

　プログラム担当教職員へのインタビュー（前出資料 5-2-10、5-2-11）はプログラムが修了してから実施した。日本語を担当した教員は、今回初めて日本語を担当した女性教員 4 名とベテラン男性教員 1 名である。インタビューは、教員らの希望により女性教員は 4 名一緒に、そして男性教員には単独で行った。日本事情を初めて担当したアメリカ人男性教員へのインタビューも単独で行った。事務系の職員 2 名へのインタビューは 2 名同時に行った。それぞれのインタビュー時間は約 40 分から 1 時間であった。これらのインタビューもオーディオテープで録音し、業者のサービスを利用して文字化した。

5.4　KIT-IJST 2002 プログラム評価のデータ分析

5.4.1　各ツールを用いた評価データの集計および分析

　データ収集ツールごとの集計および分析方法は、以下のとおりである。

日本語筆記試験・会話テスト

　　筆記試験は、日本語担当教員が採点し、クラスごとにまとめた成績データを使って、筆者が分析を行った。分析では、各学生の事前と事後での点数の差を求め伸び率を計算した。さらに、参加者全体での事前と事後の平均点に対して t 検定を行った。

　　会話テストについては、日本語担当教員が記録した採点用紙をもとに、筆者が各学生の事前と事後の会話テストでのランクを一覧にまとめた。各ランクは数値化し、これをもとに各学生の事前と事後の差などを求めた。会話テストについても、参加者全体に対する数値化された結果

についてt検定を行った。
　資料5–4は、両方の試験の結果をまとめた報告書の記録である。

留学生の自己評価
　言語に関する自己評価と文化・社会理解に関する評価の結果を分けて、筆者が集計および分析を行った。資料5–5は、自己評価に関するデータの集計および分析の報告である。

留学生アンケート
　日本語担当教員が集計および分析を行い、報告書を作成した（資料5–6、資料5–7）。選択式の回答については、参加者全体と日本語のクラス別で平均点を求めた。

留学生個人面談
　面談を担当した日本語教員による記録をもとに、筆者が回答を一覧にまとめ分析を行った（資料5–8）。

アルバイト学生（会話パートナー、プロジェクトパートナー）およびSGE学生へのアンケート・FG
　アンケートの結果については、筆者が各回答を集計し3グループの結果をまとめて分析を行った。選択式の回答は、各グループごとの回答結果をグラフにして比較した。自由記述式の回答では、全回答を書き出しキーワードを太字で表記した（資料5–9–1、資料5–9–2、資料5–9–3、資料5–9–4）。
　FGに関しては、業者がデジタルデータに変換したインタビュー記録をもとに、筆者が分析を行った。分析には日本語質的データ処理ソフト「野帳（やちょう）」[8]を利用した。このソフトでは、インタビューの発言記録をカード化し、その発言内容に対してコードを付与することと、その付与されたさまざまなコードをツリー表示して構造化することが可能である。今回の分析においては、この機能を利用して、主な質問ごとに

ツリー化したコードを用いて「コード間の関連図」を描き出し回答全体の概要を記述する形式を試みた。さらに、実際の発言データも参照しやすいように「コード間の関連図」に主な発言内容を書き加える形式の表示方法を工夫した(資料 5–10–1、資料 5–10–2、資料 5–10–3、資料 5–10–4)。

資料 5–11 は、この FG と前述のアンケートの結果を総合して回答結果を分析した報告書の記録である。

教職員へのインタビュー

これらのインタビューは短いものが多かったので、「野帳(やちょう)」を利用した分析ではなく、各記録に主たる発言を蛍光ペンで直接マークし、余白にキーワードを記す形で分析を行った(資料 5–12、資料 5–13)。

授業記録など

レポート課題など一部の資料は保存用に回収できなかったものもあり、資料としてはかなり不完全なものであった。したがって、これらについては必要に応じて参照するものとし、特に分析を行わなかった。

5.4.2　評価結果および結論

続いて、各評価結果を評価課題ごとに統合する作業を行った。統合する際には、すべての情報を等価値で扱うことは困難なので、前出の表 5–9 に示したように、得られた結果は各質問に対して「主たる情報源」と「参考とする情報源」に分けて扱った。主な評価の結果を事前に設定した評価尺度および基準に照らして記述したものが表 5–10 である。

表 5-10 評価課題、ツール、基準、主な結果、結論の一覧

評価課題	ツール	評価基準	主な結果	結論
1) プログラム実施目的の達成：KIT-IJST 2002 が、プログラム参加者（留学生）および協力者（本学学生アルバイトおよび SGE メンバー）に対して、プログラムの目標を達成できたかどうかを検証する				
1.1 留学生の基礎的な科学技術日本語学習を含む日本語能力が向上したか	留学生自己評価	開始時と終了時に行う留学生の自己評価での参加者全体のポイント平均が統計的に有意な差が認められる。	・有意差あり（p＜.0005）・OPI の下位レベルではあるという程度に上達と認識。特に話す能力が伸びた。インフォーマルスピーチも伸びた・漢字は期待したほど伸びなかった	留学生の一般的な日本語の能力は向上した。特に話す力が伸びた。しかし個人差がある。科学技術日本語の習得については、評価材料が不十分で判断できなかった。
	筆記試験	開始時と終了時に行う日本語テストの参加者全体の得点平均が統計的に有意な差が認められる。	・有意差あり（p＜.0005）・伸び率は全体で 19.4%（クラス 1=29%、2=19%、3=14%）	
	会話テスト	開始時と終了時に行う会話テストの参加者全体のポイント平均が統計的に有意な差が認められる。	・有意差あり（p＜.0005）・前後の差は 2.7 ポイント（2 ポイントで下位レベル 1 つ相当）クラス 1=2.1、2=2.7、3=3.2	
	授業の成果物、進捗レポート	クラス 2 と 3 の学生のうちの 2/3 以上の学生が、プロジェクトの成果発表で、授業で導入した科学技術表現を 5 つ以上正しく用いていることができる。		
	その他：日本人学生アンケート、教職員インタビュー		・資料を十分に回収できず、評価できなかった。・日本人大学生および教職員：日本語が上達したという印象を持っている。ただし、個人差がある。	
1.2 留学生の日本社会や文化についての理解は深まったか	留学生自己評価	開始時と終了時に行う自己評価での文化理解尺度に対するポイントについて、4 分野のうち 2 分野以上で、参加者全体の自己評価ポイント平均が統計的に有意な差が認められる。	・4 分野とも有意差あり（p＜.0005）・ホームビジットや日本人大学生との交流が強い印象・文化体験も期待しなかったのに良かった・言語コミュニケーション支障・自由時間が少なかった	留学生の日本文化・社会に対する理解は深まったと言える。しかし表面的な理解にまだとどまっている。
	留学生アンケート	アンケートで参加した科目全体の回答者平均が 4.0 以上になる。「日本事情」科目の成績で「学習態度（20 点分）」を除く得点の参加者全体平均が 60 点以上になる。	全体平均 =4.1 ポイント	
	授業の成績		平均点 =68.4 点/80 点満点	
	その他：個人面談資料、日本人学生アンケート、教職員インタビュー		・個人面談資料：穴水や神社見学は良かった。ホームビジットは良い体験。もっと長い方がよい。・日本人学生および教職員：ある程度理解が深まったと考えられるが、直接判断するのは難しい。まだ表面的理解	

5章　日本語教育でのプログラム評価事例研究　121

評価項目	データ源	得られた成果の基準	結果	考察
1.3 協力してくれた本学生への国際交流への意欲は以前より高まったか	日本人アンケート	アンケートで国際交流についての質問で、回答者全体の平均ポイントが3.0以上になる。	平均ポイント　会話 P=4.7　プロジェクト P=4.4　SGE=4.1	今年は、本学生が以前に比べて積極的になっていた。その結果、本学生の国際交流への意欲は以前より高まった。今回のアルバイトやSGEの活動意欲を高める役割を果たした。
	日本人学生FG	FGの国際交流への「興味・関心」に関する話題で、参加者の半数以上から興味・関心の高まりを示す発言がある。	・今回の体験をして、ほとんどの学生が海外へ出かけてみたい、外国人と交流したいと望んでいるとの発言があった。	
	その他：日本人学生アンケート、FG、教職員インタビュー		・アンケート＋FG：あるバイトやSGEの活動をきっかけとして機能し、国際交流への意欲を高める役割を果たしたことを認識。今回の体験で言葉が通じなくても意思疎通が図れることと時間的制約から交流の助けに1対1で一緒にいることも多かった。ただ、交流に関心のある学生に限られている。	

2) 参加者の満足度：プログラム参加者（留学生）および協力者（本学生アルバイトおよびSGEメンバー）が、プログラムで得られた成果にどの程度満足しているかを明らかにする。

評価項目	データ源	得られた成果の基準	結果	考察
2.1 留学生はプログラムで得られた成果に満足しているか	留学生自己評価	プログラムで得られた成果（予期していなかったことも含む）に対して、2/3以上の学生が67%以上満足している。	・言語面、文化、社会体験面の満足・言語面の満足度ともに2/3以上の学生が67%以上の満足。言語面の満足はクラス1の間に比較的強い相関がある。クラス1の学生が一番強く言葉の伸びと文化・社会理解の深まりを認識し、高い満足、文化・社会体験面の自己評価とは相関がなかった。	プログラム全体の活動、日本語能力の伸び、文化・社会理解の深まりに対して、参加者たちは満足している。特に、日本語の能力の伸びについては、クラス1の学生が高い満足を得ている。このプログラムは、日本人との交流の機会を使う機会となるので満足度が高まっている。
	留学生アンケート	アンケートで参加者全体の回答平均が4.0以上になる。	・プログラム全体に対する満足度：全体平均=4.4ポイント（クラス1=4.7, 2=4.4, 3=4.3） ・日本語の伸び：全体平均=4.6ポイント（クラス1=4.7, 2=4.1, 3=4.7） ・文化・社会理解の伸び：全体平均=4.1（クラス1=4.3, 3=4.1）	
	その他：個人面談資料		・個人面談資料：かなりの学生がプログラムに満足している。日本人（SGE、ホストファミリーなど）との交流の機会が多かった。それにより日本語を使う練習ができて満足となっている。授業内容などについては不満が聞かれる	

2.2 協力してくれた本学学生は、プログラムで得られた成果に満足しているか	日本人学生アンケート	アンケートで回答者各グループの今回の体験での満足度が平均75%以上になる。	平均ポイント 会話 P=84.3% プロジェクト P =87.4% SGE=78.3% 今回協力した本学学生たちは、プログラムで得られた成果に対して満足している。ただし、ブログ
	日本人学生FG	FGで今回の体験では、参加者の半数以上から満足したという意思を示す発言がある。	・具体的な実施方法には不満があるが、留学生との交流で会話を満足できたが、どの程度得られた成果に満足したか、会話PおよびプロPでは特定できない。SGEは100%の満足。
	その他：教職員インタビュー		教職員：多くの学生たちが留学生の宿舎に出入りし、積極的に交流している様子がうかがえた。同年代どうしで楽しそうだった。今年は日本人学生が積極的だった。
3) プログラム内容および運営の適切さ：プログラムの内容および運営が適切であったかどうかを判定する。			
3.1 各授業内容および実施方法は適切であったか	留学生アンケート	関連する質問に対して、2/3以上の学生が適切と判断している、または平均点が3.4ポイント(67%)以上である。	・日本語コミュニケーション（C）：内容－適切 26/29 名、進度－適切 26 名、指導効果－適切 =4.7 ポイント・科技日/カレッジ：内容 =2.9 ポイント、進度 =2.8、指導効果 =3.9、暗記が多い、読解は両極端の反応。指導効果的・口頭発表はいや。プロジェクト：日本人とJPの助けが =3.8 ポイント・科技日：日本人JPとのペアは会話の助けが =3.3・日本JPとのペアは有益・実施方法やルール要検討・日本事情－適切 =4.0・進度－適切 =2.7、もっとフィールドトリップを多い、時間が長い、もっとフィールドトリップを多く
	その他：個人面談資料、教職員インタビュー		・個人面談資料：日本事情の内容はつまらない・ホームビジットは教職員インタビュー：プロジェクトのレースは実施方法を要再検討。授業での指導をもうすこし対応が良い。日本事情：もっと長い時期、もっと早い時期、授業で3時間実施してできるのでは。日本事情を取り入れるなどして改革が必要	日本語コミュニケーションは現状で適切、ただし宿題の量要検討。「科学技術日本語／カレッジジャパニーズ」は教材や学習内容が一部の学生に難航、日本人学生組もに難航。「プロジェクト」には日本語学習の助けになるが、科学技術日本語の修得ではやや効果が悪い、プロジェクトの実施方法について再検討。「日本事情」は、講義のみ、1回に連続して3時間（60分授業を3コマ）行われる授業構成が不評。講義の時間帯フィールド調査をさせるかも検討必要

評価項目	留学生アンケート	その他	結果	考察
3.2 授業以外のプログラム活動の内容および運営は適切であったか	関連する質問に対して、平均点が2.5-3.5点（3.0点=ちょうどよい）の間にある。	個人面談資料、教職員インタビュー	・スケジュールの忙しさ：4.1（思ったより忙しかった） コメント：授業が長すぎる。後半のプロジェクト授業が忙しい。 ・個人面談資料：自由時間が少なかった。 教職員インタビュー：適切である。	スケジュール面で、特に後半のプロジェクト授業が時間的に負担が大きい。もう少し自由時間をとったまま自由時間を取れるように検討すべき。フィールドトリップに同行するのは、学生と交流できてよい。
3.3 留学生の生活面でのサポートは適切であったか	関連する質問に対して、2/3以上の学生が適切と判断している、または平均点が3.4ポイント(67%)以上である。	個人面談資料、教職員インタビュー	・国際交流室サービス：満足=4.0・アパート設備：満足=4.2ポイント・キャンパス設備：満足=4.8・コンピュータ貸出し：良かった=3.3・アパートにインターネットが欲しい・消灯10時は早い。 ・個人面談資料：アパートのラウンジの消灯時は早い。 教職員インタビュー：対応は適切だった。苦情はあまりなかった。	宿舎に関しては、ラウンジの消灯時間が早いことと、インターネットが使えないことなど不満があったが、一般的にサポート面はほぼ適切だった。

表 5–10 に示した結果から評価課題とそれに対する結論を抜き出すと以下のようになる。

評価の目標 1. プログラム実施目的の達成＝KIT-IJST 2002 が、プログラム参加者（留学生）および協力者（本学学生アルバイトおよび SGE メンバー）に対して、プログラムの目標を達成できたかどうかを検証する。

評価課題 1.1 留学生の基礎的な科学技術日本語学習を含む日本語能力が向上したか

　結論　留学生の一般的な日本語の能力は向上した。特に話す力が伸びた。しかし個人差がある。科学技術日本語の習得については、評価材料が不十分で判断できなかった。

評価課題 1.2 留学生の日本社会や文化についての理解は深まったか

　結論　留学生の日本文化・社会に対する理解は深まったと言える。しかしまだ表面的理解に留まっている。

評価課題 1.3 協力してくれた本学学生の国際交流への意欲は以前より高まったか

　結論　今年は、本学学生が以前に比べて積極的になっていた。その結果、本学学生の国際交流への意欲は以前より高まった。今回のアルバイトや SGE の活動は交流意欲を高める役割を果たした。

評価の目標 2. 学生の満足度＝プログラム参加者および協力者が、プログラムで得られた成果にどの程度満足しているかを明らかにする。

評価課題 2.1 留学生はプログラムで得られた成果にどの程度満足しているか

　結論　プログラム全体の活動、日本語能力の伸び、文化／社会理解の深まりに対して、参加者たちは満足している。特に日本語の能力の伸びについては、クラス 1 の学生が高い満足を得ている。このプログラムでは、日本人との交流の機会が多く、それが日本語を使う機会となるので満足が高まっている。

評価課題 2.2 協力してくれた本学学生はプログラムで得られた成果に

どの程度満足しているか

　結論　今回協力した本学学生たちは、プログラムで得られた成果に対して満足している。ただし具体的な授業実施方法などについては不満がある。

評価の目標3．プログラム内容および運営の適切さ＝今回新たに変更した点に特に注目して、プログラムの内容および運営が適切であったかどうかを判定する。

評価課題　3.1　各授業内容および実施方法は適切であったか

　結論　「日本語コミュニケーション」授業は現状で適切。ただし宿題の量は要検討。「科学技術日本語／カレッジジャパニーズ」は教材や学習内容が一部の学生には難解。日本人学生と組む「プロジェクト」は日本語学習の助けになるが、科学技術日本語の修得ではやや効果が落ちる。プロジェクトの実施方法については要再検討。「日本事情」は、講義の時も、1回に連続して3時間（60分授業3コマ）行われる授業時間の設定が不評。講義の時間にフィールド調査をさせるなど、学生が飽きないようにする、あるいは2コマで、授業回数を増やすなどの工夫が必要。留学生はもっとフィールドトリップを希望。

評価課題　3.2　授業以外のプログラム活動の内容および運営は適切であったか

　結論　スケジュール面で、特に後半のプロジェクト授業が時間的に負担が大きい。もう少しまとまった自由時間を取れるように検討すべき。

評価課題　3.3　留学生の生活面でのサポートは適切であったか

　結論　宿舎に関しては、ラウンジの消灯時間が早いこととインターネットが使えないことなど不満があったが、一般的にサポート面はほぼ適切だった。

5.5　参考調査1　過去(1994–2001年度)の参加者の追跡調査

5.5.1　目的・目標・調査方法

　単年度のプログラムの成果評価に加えて、これまでの「夏季日本語プログラム(KIT-SPJ)」[9](1994年および1995年に実施)および現在の「日本語教育特別プログラム(KIT-IJST)」(1996年以降現在まで)が、参加者に対し長期的にどのような成果を生んでいるのかを見極めるために、過去のプログラム参加者に対する追跡調査を行った。

　今回の調査では、以下のような評価目標を設定した。厳密に言うと、この調査はある尺度に照らしての「評価」ではなく、事実がどうであったかを見極める「調査」である。しかし、前述のプログラム評価との統一をとるために調査の目標を「評価の目標」と呼ぶことにする。

　評価の目標4.　プログラム参加者へのインパクト＝KIT-IJST(以前のKIT-SPJを含む)での体験が、長期的に見て、参加者にどのようなインパクトを与えたかを明らかにする。

　この目標のもと、以下のように評価課題および下位の質問を設定した。(　)の質問番号は、実際のアンケートで尋ねた質問を示す。

　評価課題　4.1　習得した日本語や日本文化・社会に関する知識は活かされているか

　下位の質問　4.1(1)　現在どこに住んでいるか(質問1)
　　　　　　　4.1(2)　現在の職業あるいは専攻分野は何か(同2)
　　　　　　　4.1(3)　プログラム参加後、日本語学習を続けたか(同3)
　　　　　　　4.1(4)　現在の日本語能力はどの程度か(同4)
　　　　　　　4.1(5)　仕事や学業で日本語を使うか(同5)
　　　　　　　4.1(6)　日本人と交流があるか(同6)

　評価課題　4.2　プログラム参加経験は参加者にどのような影響・インパクトを与えたか

　下位の質問　4.2(1)　プログラム参加経験はどのような影響・インパクトを与えたか(同7)

追跡調査は、1994 年から 2001 年までの参加者 174 名を対象に、2001 年 10 月に資料 5-14 にあるアンケート用紙を郵送または電子メールを送信して実施した。

5.5.2 調査結果および結論

この調査には、参加者全体の 3 割 (49 名) からの回答を得た。大学ごとの回答率は 21.4%～ 34.9%に渡る。参加年ごとの回答率は 13.0%～ 50.0%であった。回答結果を集計・和訳してまとめたものが資料 5-15 である。

得られた結果を評価課題に照らしてまとめると、次のような結論を導くことができた。

評価課題　4.1　習得した日本語や日本文化・社会に関する知識は活かされているか

結論　現在日本に在住し働く参加者は、回答者全体の 15%程度の 7 名で、仕事や研究上で日本語を特に必要とする者は 1/3 弱 (15 名)。使う場合は、日本人の同僚や顧客との交流、日本語資料の翻訳や日本出張などの場合である。参加者のうちの 3/4 (36 名) は今も日本人との交流を続けている。したがって、直接的な仕事、研究面で日本語を必要としている程度はあまり高くないが、日本人との交流という形で日本語や日本文化・社会に関する知識が活かされている。

評価課題　4.2　プログラム参加経験は参加者にどのような影響・インパクトを与えたか

結論　かなりの参加者は、日本に対する理解の深まりや日本人への親しみの増加という影響を受けている。日本以外の国々・文化への興味が拡大し、新たな視野、自信を得たという参加者もいる。さらに、プログラムへの参加により、国際的な仕事を希望するなど意欲を高めたり、現在の仕事への基礎/きっかけとなった参加者もいる。

5.6　参考調査2　協定校担当者へのアンケート調査

5.6.1　目的・目標・調査方法

　この調査も、プログラム実施による長期的な成果を、留学生を送り出す側がどのように見ているかを見極めるために実施したものである。

　この調査の評価目標、評価課題および下位の質問は、以下のとおりである。下位の質問の(　)で示した質問番号はアンケートの質問の番号を示す。

　評価目標 5.　送り出し大学側でのニーズ充足度＝ KIT-IJST は送り出し大
　　　　　　　学側でのニーズを満たしているかを検証する。
　評価課題　5.1　送り出し側でこのプログラムを実施する目的は何か
　下位の質問　5.1(1) 送り出し側でこのプログラムを実施する目的は何か
　　　　　　　　　　(質問1)
　評価課題　5.2　ニーズを満たしているか
　下位の質問　5.2(1) 上記の目的をどの程度達成しているか(同2)
　　　　　　　5.2(2) このプログラムは、参加者およびその他の学生にど
　　　　　　　　　　のような影響をあたえているのか(同3)
　　　　　　　5.2(3) 参加者からどのような感想を聞いているか(同4)
　評価課題　5.3　今後改善を望む問題点は何か
　下位の質問　5.3(1) 各面において今後改善を望む問題点は何か　(同5)
　　　　　　　　　　―参加手続き(申込書、日本語能力テスト、申込み期
　　　　　　　　　　　間など)
　　　　　　　　　　―スケジュール / 期間(開講式および修了式日程、4
　　　　　　　　　　　日間週末特別休暇など)
　　　　　　　　　　―参加者数(現在は各校5～10名)
　　　　　　　　　　―活動内容(授業面およびその他の面)
　　　　　　　　　　―オフィス間のコミュニケーション(返答の速さ、英
　　　　　　　　　　　語での説明の明快さ)
　　　　　　　　　　―そのほか

5.3(2) 現在の履修単位 12 単位は適当か
　　　―認定された単位は各校でどのように取り扱われているか　(同 6)
　　　―履修単位 12 単位を減らすことは適当か(同 7)
5.3(3) 6 週間プログラムの他に、もっと長期のプログラムが必要か(同 8)

　標記の調査は、協定校で留学生の派遣を担当する部署の責任者および現場担当者に宛てて、2003 年 9 月に後述の質問の英訳(資料 5-16 参照)を電子メールで送付、同じく電子メールで回答を返送してもらう方式で実施した。

5.6.2　調査結果および結論

　この調査には協定校 3 校すべてから回答があった。以下は、回答者の肩書きである。
　H 大学(以下の 2 氏が個別に回答)
　　A 教授(人文・社会学科長)
　　B 教授(日本語担当教員)
　R 大学(以下の 4 氏の合議による回答)
　　C 教授(学務担当副学長)
　　D 教授(英語教育センター長)
　　E 氏(発展学習支援センター留学プログラム課主任)
　　F 教授(日本語担当教員)
　I 大学
　　G 氏(工学部国際交流プログラム実施担当アシスタント
　得られた回答を集計し和訳したものが、資料 5-17 である。
　回答結果を評価課題に照らしてまとめると、次のような結論を導くことができた。

　評価課題　5.1　送り出し側でこのプログラムを実施する目的は何か
　結論　・日本語学習の機会、異文化体験の機会、国際的視野育成機会とし

て実施

評価課題　5.2　ニーズを満たしているか

結論
- 高い程度でニーズを満たしている。
- 参加者はプログラムに満足。プログラム参加は、人生上の大切な経験で、異文化に対する理解が深まり国際的視野も広がる。日本語学習を継続する学生も多い。学内での国際交流活動にも積極的に参加。
- 参加者が体験を話すことで、他の学生にプログラムへの参加を促す強い影響を与えている。

評価課題　5.3　今後改善を望む問題点は何か

結論
- 12月に郵送で実施する日本語テストは目的が不明確。長すぎるので改善が必要。
- プログラムの実施期間が8週間ぐらいだとよい。
- 参加できる学生数は、H大学は5～10名でちょうどよいと考えるが、他2校はもう少し増えるとよいと希望。
- プログラムの活動内容は、もっと課外活動があるとよい。ホームステイももっと長い期間がよい。ロングウィークエンドは2回あってもよい。プロジェクトは、ものづくりのテーマの方がよい。
- オフィス間のコミュニケーションは全く問題ない。
- 履修単位12単位はすべて、3校とも卒業単位として認定可能。12単位を減らすことについては、H大学はちょうどよいと考える方、I大学は負担が多く自由時間が少ないと考える。R大学は、単位の振り替えの際の判定を、レターグレードでなく合格/不合格にしたので、12単位でも大丈夫と考える。
- 長期プログラムについては、どの大学も学期スケジュールの一致と、英語での専門科目の履修ができるかどうかが問題と考えている。参加者については、I大学は日本が人気のある国なので、上記の条件がかなえば実施について肯定的。H大学はあまり人数

がいないと予想。
- その他の希望として、到着日の駅での出迎えサービス回数を増やすこと、金沢でのCOOPプログラム（インターンシッププログラム）を実施できることなどがある。

5.7 結果の報告

5.7.1 報告書の作成および提出

　協定校担当者からのアンケート調査の結果集計が終わった2003年10月に、KIT-IJST 2002プログラム評価と、2つの参考調査結果をまとめて報告書を作成した。できあがった報告書は大学学長および本部長（理事会）に提出、加えて教務部長・国際交流室室長他学内関係者4名にも配布した。

5.7.2 報告書の内容

　報告書の構成は以下のようにした。

　　緒言
　　エグゼクティブ・サマリー—評価概要—
　　Part I　KIT-IJST 2002プログラム評価
　　　　1. はじめに
　　　　2. プログラム概要・実施目的
　　　　3. プログラム評価目的および評価目標
　　　　4. 評価課題と下位の質問
　　　　5. 評価方法
　　　　6. 評価の尺度および基準
　　　　7. データ分析
　　　　8. 評価結果および結論
　　Part II　参考調査1　過去（1994–2001年度）の参加者への追跡調査
　　　　1. 目的・目標・調査方法
　　　　2. 調査結果および結論
　　Part III　参考調査2　協定校担当者へのアンケート調査

1. 目的・目標・調査方法
　　　2. 調査結果および結論
　総括
　資料
　参考資料

　エグゼクティブ・サマリー(資料5-18)には、KIT-IJST2002プログラム評価および2つの参考調査の評価目的や目標・方法と、結果および結論、総括の内容を5頁に納めた。「資料」には、質問リストや尺度・基準など評価の計画に関する資料と、得られた結果の集計資料をまとめた。「参考資料」には、実際に用いたアンケート用紙やテスト問題などを含めた。

5.8　評価結果の評価(メタ評価)

　本節では、2つのメタ評価を試みる。ひとつは、"The Program Evaluation Standards by the Joint Committee on Standards"(以下Standardsと略)第2版(1994)を用いたメタ評価で、報告書を提出した時点で筆者(＝評価担当者)が行った。もうひとつは、報告書受領者のひとりである国際交流室長が行ったメタ評価である。こちらの評価では、筆者が用意した評価用紙に回答を記入してもらう形で実施した。

5.8.1　The Program Evaluation Standardsによるメタ評価

　2.4.12項で述べたように、Standards第2版は、以下の4つの観点から計30項目について、評価を行うものである。
　　有用性(Utility)＝評価結果が広く活用できるか
　　実行可能性(Feasibility)＝実験を行うために完璧な統制を行うことや政治的に圧力を排除することが難しい現実社会において、実際に評価活動を遂行できたか
　　正当性(Propriety)＝評価のすべての面で適正さを確保できたか
　　的確性(Accuracy)＝正確で信頼できる評価を推進できたか
　評価の方法は、各項目ごとに「対処済み」「部分的に対処」「対処され

ず」「該当せず」という選択肢から該当するものを選ぶ表形式(The Joint Committee, 1994, pp.18–19)である。

以下が今回の評価事例についてのメタ評価結果(表 5–11〜表 5–14)とその説明である。

表 5–11　有用性基準—UTILITY STANDARDS—

有用性基準	対処済み	部分的に対処	対処されず	該当せず
U1　利害関係者の認定 Stakeholder Identification	○			
U2　評価担当者に対する信用性 Evaluator Credibility		○		
U3　情報源の範囲の認定および選定 Information Scope and Selection	○			
U4　価値判断基準の証明　Values Identification		○		
U5　報告書の明晰さ・わかりやすさ Report Clarity	○			
U6　報告書の適時性および情報の普及 Report Timeliness and Dissemination	○			
U7　評価の影響力　Evaluation Impact	○			

U1　利害関係者の認定 Stakeholder Identification ＝ 対処済み。学長や理事会関係者には、評価の観点についてのインタビューなども実施した。

U2　評価担当者に対する信用性 Evaluator Credibility ＝ 部分的に対処。評価担当者はワークショップなどに参加して研修を行ったが、実際の評価経験が限られていることは、十分な信用性を得る上では欠点であった。総括的な評価で、評価担当者がプログラム内部者のみであることも一部不的確と考えられる。

U3　情報源の範囲の認定および選定 Information Scope and Selection ＝ 対処済み。ただし、日本人学生への成果については、直接プログラムに協力した学生の範囲でしか評価できなかった。本来は大学全体での成果を対象とした評価が理想的ではあるが、今回の評価条件(評価担当者数、評価期間など)では実現は難しかったと考えられる。

U4　価値判断基準の証明 Values Identification ＝ 部分的に対処。統計的手

法の利用など、可能な範囲で客観的な判断ができるように努めた。しかし、今回用いた評価尺度は、プログラムの前後での日本語能力の伸びなど相対的でかつプログラム内部的なものであった。本来なら、日本語能力を客観的に示すことができる公共的な能力尺度が利用できることが理想である。日本理解の能力についても同様である。

U5 報告書の明晰さ・わかりやすさ Report Clarity ＝対処済み。得られたデータを図表にするなど工夫した。しかしデータが一部詳細過ぎて逆にわかりにくくなっているところも数ヶ所見られた。

U6 報告書の適時性および情報の普及 Report Timeliness and Dissemination ＝対処済み。データ分析にかなり時間がかかったことは、今後改善すべきである。情報開示の面では、個人情報に関わるもの以外の情報はすべて開示されている。

U7 評価の影響力 Evaluation Impact ＝対処済み。今回の評価の結果をもとに、次年度の KIT-IJST ではいくつかの改善が行われた。したがって、今回の評価活動の影響は大きいと考えられる。

表 5-12　実行可能性基準—FEASIBILITY STANDARDS—

実行可能性基準	対処済み	部分的に対処	対処されず	該当せず
F1　実用的手続き　Practical Procedures		○		
F2　政治的実行可能性 Political Viability				○
F3　効果的な費用の支出　Cost Effectiveness	○			

F1 実用的手続き Practical Procedures ＝部分的に対処。日本語筆記試験や会話テスト、アンケートなどの実施は、プログラム活動の一部として組み込まれていたため、プログラムの本来の活動への妨げは最小限であった。しかし、学生の日本語の上達を見るために利用することを考えていた授業資料などの保存は、不完全なもので利用できなかった。これは、日本語教員が6名もいたため、指示が周知徹底されなかったことと、特に学生の宿題などは、返却を急ぎコピーをする手間が煩わ

しかったことによると考えられる。この点で、今回の授業資料の利用は実用性に欠けるものであった。

F2 政治的実行可能性 Political Viability ＝今回の評価には該当しない。

F3 効果的な費用の支出 Cost Effectiveness ＝対処済み。今回の評価では、本学学生を対象としたフォーカス・グループ（FG）インタビュー録音の文字書き起こし費用が、主たる金銭出費であった。FGでは、一度に7〜10名程度からアンケートでは表現されていないような忌憚のない意見を聞くことができたので、効率的かつ有効な情報源であったと考えられる。

表 5-13　正当性基準―POPRIETY STANDARDS―

正当性基準	対処済み	部分的に対処	対処されず	該当せず
P1 奉仕指向 Service Orientation	○			
P2 評価活動への正式な同意 Formal Agreements	○			
P3 被験者の人権 Rights of Human Subjects	○			
P4 人間関係 Human Interactions	○			
P5 完全かつ公正な判断 Complete and Fair Assessment	○			
P6 結果の開示 Disclosure of Findings	○			
P7 開示された利害の対立 Conflict of Interest				○
P8 予算面での責任 Fiscal Responsibility	○			

P1 奉仕指向 Service Orientation ＝対処済み。当プログラムでは、学外活動の内容やプロジェクトのテーマはほぼ毎回変更するが、その他の授業内容やサービス体制は毎年同様である。したがって、今回のプログラムで得られた結果は、会話パートナーを増員しクラス1にも付けるなど、次年度のプログラムの計画にすでに反映されている。

P2 評価活動への正式な同意 Formal Agreements ＝対処済み。留学生、本学学生、教職員など、今回アンケートやインタビューを行った対象者には、事前に評価の目的を口頭で伝え、得られた結果により対象者に不利益がないことを了承してもらった。書面での同意書は取り付けな

かったが、評価活動への抵抗反応はなかった。

P3 被験者の人権 Rights of Human Subjects ＝対処済み。評価に用いた試験結果は、本来の授業の成績とは全く無関係に扱うなどして、協力してくれた人々に不利益がないようにデータを処理した。

P4 人間関係 Human Interactions ＝対処済み。対象者には、インタビューやアンケートの回答などで時間的負担などをかけたことを詫び、協力に感謝した。すべての評価活動終了後も、評価活動に関する不満などは聞かれなかった。

P5 完全かつ公正な判断 Complete and Fair Assessment ＝対処済み。プログラム内部者による評価のため、無意識の偏りが全くないとは言い切れないが、得られたデータはすべて公開し、できる限り客観的判断を行った。

P6 結果の開示 Disclosure of Findings ＝対処済み。得られたデータおよび分析結果はすべて公開した。

P7 開示された利害の対立 Conflict of Interest ＝該当せず。留学生はもっと多くのフィールドトリップや長期のホームステイを望むのに対し、予算面での制約や全員に対する長期ホームステイの機会の提供の難しさなどによりプログラム運営側としては対応できないという小さな利害の対立が見られた。しかし、これは留学生側も運営側の状況を理解はしており問題にはなっていない。

P8 予算面での責任 Fiscal Responsibility ＝対処済み。今回の評価で大きな支出を要したものは、本学学生を対象としたフォーカス・グループ(FG)インタビュー録音の文字書き起こし費用である。これは、当該年度プログラム運営費として国際交流室予算に計上された資金を充てた。利用した文字書き起こし業者は、他業者に比べ作業単価が安価であることも確認した。

表 5-14　的確性基準—ACCURACY STANDARDS—

的確性基準	対処済み	部分的に対処	対処されず	該当せず
A1	明確なプログラム描写および記録 Program Documentation	○			
A2	プログラムに関する状況分析 Context Analysis	○			
A3	評価目的および手続きの記述 Described Purposes and Procedures	○			
A4	情報源の記述 Defensible Information Sources	○			
A5	情報の妥当性 Valid Information	○			
A6	情報の信頼性 Reliable Information		○		
A7	情報の体系的確認 Systematic Information	○			
A8	量的情報の分析 Analysis of Quantitative Information	○			
A9	質的情報の分析 Analysis of Qualitative Information		○		
A10	正当な結論 Justified Conclusions	○			
A11	偏りのない報告 Impartial Reporting	○			
A12	メタ評価 Metaevaluation	○			

A1 明確なプログラム描写および記録 Program Documentation ＝ 対処済み。明確にプログラムの概要は記述されているので、どのプログラムが対象であったかは明白である。また収集された書類もすべて保存されている。

A2 プログラムに関する状況分析 Context Analysis ＝ 対処済み。必要と考えられる状況は記述済みである。しかし、今回は内部評価で内部者に対しての報告であったので、外部者が報告書を読む場合、プログラムの開始経緯や置かれた状況、役割などの記述は十分に明確ではないかもしれない。

A3 評価目的および手続きの記述 Described Purposes and Procedures ＝ 対処済み。今回の評価目的は、大学学長や経営者などへのインタビューを踏まえた上で決定されたものである。この概要は「計画・準備」段

階の一部として言及されている。評価の手続きについても、すべて説明済みである。

A4 情報源の記述 Defensible Information Sources＝対処済み。それぞれのアンケートやFGなどは、だれを対象にいつ実施されたか、必要な範囲で明記されている。

A5 情報の妥当性 Valid Information＝対処済み。必要な情報は、対象となる情報源から直接得たもので妥当と考えられる。

A6 情報の信頼性 Reliable Information＝部分的に対処。ほとんどの評価項目については、複数の情報源からかなり信頼できる情報を得ることができた。しかし、日本文化・社会理解の向上や、留学生・日本人学生のプログラムへの満足度などは、本人の主観的な評価に加えて、別の客観的な尺度を利用するなど改善の余地がある。

A7 情報の体系的確認 Systematic Information＝対処済み。留学生に関するアンケート調査やテストなどで導く総数や平均値については、分析を担当した日本語教師のグループが得られた結果を確認した。t検定などが必要な分析については、統計学に詳しいプログラム関係者の協力を得て筆者が行った。その他の集計および分析については、筆者が集計を行う段階から報告書を作成する段階の間の時間を置いた形で確認を行った。

A8 量的情報の分析 Analysis of Quantitative Information＝対処済み。量的データについては、集計および分析の段階で繰り返し内容に誤りがないかを確認した。留学生の日本語能力の伸びについては、テストスコアや自己評価点など、複数のデータを比べることで同様の傾向を確認した。一方、満足度に関する評価については、留学生や日本人学生本人の自己申告の数値を用いるしか方策がなかった。

A9 質的情報の分析 Analysis of Qualitative Information＝部分的に対処。評価担当者にとって、今回の質的データ分析が初めてのものであったので、評価の精度に十分な保証はない。しかし、分析コード間の関連図やそのコードの現れる発言データを付記する形式にするなどの工夫をして、できる限り収集したデータ全体の形を残し、第三者がデータ

を随時チェックできるようにした。
A10 正当な結論 Justified Conclusions ＝ 対処済み。各評価課題に対して、評価基準と照らし合わせる形で結果を一覧表にしてまとめた。それをもとに結論を導いた。
A11 偏りのない報告 Impartial Reporting ＝ 対処済み。プログラムにとって好ましい結果のみならず、改善が必要な問題点についてもすべて言及した。
A12 メタ評価 Metaevaluation ＝ 対処済み。この The Program Evaluation Standards によるメタ評価に加えて、評価結果報告書を受領したうちのひとりである、本学の国際交流室室長にメタ評価を依頼した。

最後に、上述の 30 項目にいくつ対処できたかを表 5–15 にまとめた。今回は、30 項目中 23 項目（76.7％）に対処できたという結果を得た。しかし、「U2　評価担当者に対する信用性」「U4 価値判断基準の証明」「A6 情報の信頼性」という、評価の信用性および信頼性について十分な対処ができなかったことが今回の評価の欠点であった。

表 5–15　基準項目対処結果

	対処済み	部分的に対処	対処されず	該当せず
有用性基準(7項目)	5	2		
実行可能性基準(3項目)	1	1		1
正当性基準(8項目)	7			1
的確性基準(12項目)	10	2		
小計	23	5	0	2
％	76.7	16.7	0	6.7

5.8.2　利害関係者によるメタ評価

続いて、報告書受領者のひとりである国際交流室長が行ったメタ評価の結果を検討する。今回の評価対象である KIT-IJST は、国際交流室の傘下にあ

る日本語教育プログラムが実施しているものであるので、室長はこのプログラムの重要な利害関係者の一人である。

室長による評価の結果は、資料 5-19 に示すとおりである。おおむね評価の内容や方法は適切であるという回答を得た。しかし、やはり評価担当者が内部者、しかもプログラム責任者であることが評価の信用を下げているとの見解であった。さらに、今回の日本人学生へのプログラムのインパクトについての評価は、会話パートナーやプロジェクトパートナーなど直接プログラムに参加した学生、および SGE サークルの立場でプログラムをサポートしてくれた学生に限っての評価であったから、将来的には全学的なプログラムのインパクトや波及効果を評価してほしいとの希望が寄せられた。

5.9 この評価事例に関する考察

本節では、この評価の実践を振り返り、その成果と問題点や今後の取り組みが必要な課題を考察する。

5.9.1 この評価の成果

この評価では、次の 6 つの成果を上げることができたと考える。
1. 日本語教師でもどうにか評価をやり通すことができた。
2. 利害関係者とコミュニケーションができた。
3. 12 ステップを使ってツリー構造上に計画・準備をしたことは効率的であった。
4. いろいろなマトリクスを作ったことは、手間はかかったが評価の全体を見渡すことができた。
5. フォーカス・グループ(FG)は、アンケートを実施した後に行う方が、回答者の意図を確認する手段として有効であることがわかった。
6. 日本語能力と日本理解に対する留学生自身による自己評価票を新たな評価ツールとして開発できた。

1. 日本語教師でも評価ができたこと

今回の評価は、専門的な眼から見れば、もちろんさまざまな点で不備なところの多い評価であったであろうことは否めない。しかし、社会学や評価の分野での専門的なトレーニングを正式に受けていない日本語教師の筆者であっても、参考書での学習や短期のワークショップ[10]への参加で、プログラム評価についての理論を学び、ひととおりの評価ができたと考える。

それは、前節のメタ評価だけでなく、実際に得られた結果が大変有益であったと実感できることを通しての思いである。具体的な例のひとつは漢字学習の重視である。今回の評価で、本来プログラムでは重視していない漢字学習について、実は留学生たちが大きなニーズを感じていたことがわかった。そのため、基本的な日本語の指導方針にあまり変更はないものの、今後は生活上で必要となった漢字語彙を中心に、授業内でも取り上げることにした。もうひとつの例は、プログラム参加申し込み時点での日本語能力テストの改善である。それまでは、参加予定者や協定校担当者らに試験の目的が十分に理解されておらず、忙しい時期に何時間もかけて準備しなければならないこのテストに対して、協定校全3校から不満の声が上がっていた。そこで試験用紙にその目的を明示し、一番時間のかかっていた会話問題録音テープ課題を廃止することにした。その結果、協定校担当者から感謝の言葉を得た。このような改善を実行してみると、評価を行うことによって、利害関係者が望む形でプログラムの内容を変えることができて、彼らのニーズに応えているという実感を得ることができる。このような実感があることが「どうにか評価をやり通すことができた」と考える理由である。

2. 利害関係者とのコミュニケーション

今回対象としてとりあげた KIT-IJST は、筆者が本学で唯一の日本語教育の専門家であったために、プログラムの立ち上げおよびその運営のほとんどを任されてきた。しかし、プログラムの開始から8～9年経った時点でのプログラム評価を契機に、今回あらためて大学上層部と KIT-IJST について話し合いをする機会を持つことができた。この話し合いでは、本学における KIT-IJST の位置づけや、期待される役割を確認する上で大変有効であっ

た。またその結果、プログラムの実施目的として掲げていた3点が、大学がプログラムに期待することと合致していることも確認することができた。さらに、今回は参考調査としての扱いではあったものの、協定校側の担当者や過去の参加者たちからも率直な意見を聞くことができた。毎年々々評価を行う場合には、その都度これらの利害関係者とコミュニケーションを取ることが必要とは思わないが、ある一定期間をおいての大規模な評価では、このように広い範囲の利害関係者から、プログラムに関して忌憚のない意見を聞くことができることは、プログラム評価のメリットのひとつだと思われる。

3. 「12ステップ」を使った効率的な計画・準備作業

　プログラム評価の大きな流れが、I. 計画・準備、II. データ収集、III. データ分析、IV. 報告書作成、V. メタ評価という5段階であることは、プログラム評価の参考書のどれを見ても共通である。しかし、その中の計画・準備段階での作業は、実際の評価活動がさまざまな条件によって左右されるために、参考書によって若干作業内容が異なったり、順序が変更されていて、わかりにくい思いをした。それで筆者は、数冊の参考書の作業内容と順序をつきあわせて、評価の計画・準備の段階での作業の整理を試みた。そして、それをまとめたものが「評価計画・準備段階の12ステップ」(札野2005)である。

　今回の評価において、この「12ステップ」を実際に利用してみると、やらなければならない作業を、見落としなく確実に実現していけることを体験できた。一般に、現場の担当者がアンケートの質問票を作成するような場合、細部の状況を熟知しているだけに、いろいろなことに関心が湧き、調査目的に直接関係のない質問まで加えてしまうことがある。それに対して、この「12ステップ」にしたがって作業を進めていくと、評価目標を達成するための構成要素として、評価課題および下位の質問をツリー構造状に設定していくので、本来の評価目標を見失うことなしに、評価計画を進めていくことができる。そして、各下位の質問項目に対するデータの収集に専念すれば、効率的に必要な情報収集ができることになる。かつ、得られた情報はすべて目標達成に必要なものであるので、無駄がなく効果的である（ただし再

度項目の見直しをした結果、本書では一部順序を変更して「新 12 ステップ」（2.5 節参照）を提唱している）。

4. 評価全体を見渡すことができるマトリクスの利用

　今回の評価計画では、「12 ステップ」での計画・準備に加えて、評価課題や下位の目標、利用するツール、回答対象者、評価の実施時期などをさまざまな形（質問別、実施時期別、回答者別など）のマトリクスにまとめることにも取り組んだ。これらのマトリクス自体を作成する作業は、かなり時間のかかることであった。しかし、今回のようないくつもの回答者グループを対象に、多くのツールを用いてデータを収集しようとする際には、このマトリクスを見ることで、次に何を準備しなければならないのか、誰を対象にデータを収集しなければならないのか、何を尋ねるべきなのかなど、評価の細かい点を確認しつつ評価作業の全体を見渡すことができることは大きなメリットであった。

5. フォーカス・グループとアンケートの利用順序

　フォーカス・グループ（FG）は、得られるデータに偏りがある可能性も高いと言われるが、今回のように日本人学生が 40 名余りいる場合、短時間で情報を得るにはかなり有効な手段であった。さらに、アンケート調査などと異なり、あいまいな点について直接回答者にその場で確認を取れることもメリットである。ただし利用する際には、その利用目的に応じて、実施スケジュールへの配慮が必要である。プログラムの最終段階で FG を利用する場合、今回の評価に先立って、1 年前に行ったパイロットスタディでは、スケジュールの都合上 FG をしてからアンケートに回答してもらう順序であった。しかし、これでは、アンケートでの回答のあいまいな点を問い直す機会として FG を活用できなかった。そこで今回は、FG の前日にアンケートを実施し、回答のあいまいな点やもう少し深く追求したい点を踏まえて、事前に用意した FG の質問を一部修正してインタビューに臨んだ。そのために回答者たちが本当は何を言おうとしていたのかを FG で確認することができ、FG はアンケートの回答を補完する役目を果たしていた。プログラム活動ス

ケジュールとの兼ね合いで、必ずしもこのような順序が実現できない可能性もあるが、だからこそ、プログラムのスケジュールを立案する段階で、評価活動の順序も考慮することが大切であると言える。

6. 新たな評価ツールの開発

今回の評価課題のひとつに、留学生たちのプログラム参加への満足度評価が含まれていた。企業の顧客満足度評価などでは、アンケートの質問票を用いて、「あなたは、××にどの程度満足しましたか」「どのような点が不満でしたか」と直接尋ねることが一般的である。今回の評価でも、この手法と同様な形でのデータ収集が評価の基本であった。しかし、今回の評価に先立つパイロット調査で、特にこの満足度の判定は、個人差が大きいことがわかっており、満足度の平均値だけを見ることに不安があった。そこで、満足度の数値評価だけでなく、プログラム全体の満足度をいくつかの側面に分けて、そのうちの日本語能力と日本文化・社会理解の能力向上について、各自がどのように自己評価をしているか、基礎データを得ることが満足度の平均値の意味を読みとる上で有効ではないかと考えた。そして開発したのが、今回用いた「自己評価票」である。この自己評価票から、留学生が、教師の予想以上に、漢字語彙の理解に困っており、日本語の授業でももう少し取り上げて欲しいと希望していることが見えてきた。また留学生自身が、自分の能力の向上をどう見ているかを知ることは、満足度の数値の裏に隠れた留学生自身の日本語習得への意気込みや理想像が見え隠れして、日本語教師には興味深いものでもあった。このように通常のアンケートでは読みとれないものを理解するために、新たな評価ツールを開発していく努力は、評価の精度を高めていくために重要な取り組みであると信ずる。

5.9.2 この評価の問題点

次に、評価のプロセスを振り返りながら、今回の評価で適切に対応できなかったことや改善すべきと思われたことなどに注目し、その実状と原因、それに対する解決案などについて論じていく。ここでは以下の8点について議論する。

1. 今回は、「留学生の日本文化・社会の理解を深めさせる」「本学学生の国際交流意欲を高める」というプログラムの実施目的を、そのままの形で「それが達成できたか」という評価課題として取り上げた。しかし、これらはもう少し具体的に評価・測定ができるように下位分類した表現にし、かつどのような評価方法が利用可能か、もう少し吟味すべきであった。
2. あわただしい毎日の活動に追われ、日本語担当教師に協力を依頼して保存してもらう予定であった学習成果物のコピーを保存できず、評価の一部を実施できなかった。
3. 留学生からすべて日本語でデータを収集することは無理があったが、今回は回答者との間に共通言語として英語を利用することができた。しかしかなりのデータが言語を媒介とするものであったから、共通言語がなかったら、評価の負荷はもっと大きくなっていたはずである。
4. ひとつひとつの評価課題を検討するために、十分なトライアンギュレーションが重要である。しかし一方で、データ分析の負荷とのバランスを考慮すべきであった。
5. 評価尺度の選定理由や基準設定の根拠などを明示できなかった。基準となる理想像を明確に描いていなかった。
6. The Joint Committee 推奨のメタ評価基準" The Program Evaluation Standards（第2版）"は、評価方法などを吟味する上ではさまざまな観点を網羅してあるので役に立った。しかし、政治的な圧力の問題など日本語教育の実状には該当しない項目がいくつかあった。それよりも自作のチェックリストを用いた、利害関係者代表によるメタ評価の方が利害関係者が評価結果報告をどのように見ているか、評価目的を果たすことができたかを見る上では有用であった。
7. プログラム運営と授業、評価活動のすべてを一人で行うのは負担が大きすぎた。
8. プログラムの直接の担当者ひとりによる評価では十分な信用性（credibility）を保証できなかった。

1. 評価課題の吟味

　5.2.4項で言及したように、今回は評価の目標として、すでに規定されていたプログラムの3つの目標が達成できたかどうかを取り上げて、それらを3つの評価課題として設定した。しかし、そのうちの「参加留学生の日本の文化や社会に対する理解を深めさせる」と「本学学生に対して国際交流についての意識を啓蒙する」については、どちらの課題も対象回答者たちに「日本の文化・社会は理解できたか」「国際交流への興味・関心が高まったか」と直接主観的な判断を求めることしかできず、「何々の行動ができたら日本文化が理解できた」、「何々のような変化が観察されたら、国際交流への興味・関心が高まった」という客観的な形で傍証を得ることは不可能だった。

　プログラムが掲げる実施目標が達成できたかどうかは、プログラム評価において大変重要な評価の目標である。だが、それをどのような形で評価できるのか、十分な吟味が必要である。上記の課題については、たとえば「日本がどのような歴史的経緯をたどってきたか、おおまかな知識を得ることができたか」「『うち／そと』『家』のような日本文化の特徴を表す基本概念を理解できたか」や、「外国人に接する時に、不安や緊張を感じることが減ったか」「海外の文化について学ぶことが楽しいと思えるか」など、具体的に評価・測定ができるように、もう一段階下位分類した上で評価課題を設定すべきであった。そして、それらの課題を測定するためにどのような評価方法が利用可能か、特にそれらが分析負荷の少ない量的なデータとして分析できるものであるか、さらに吟味すべきであった。

2. 学習成果物保存の断念

　今回の評価では、日本語習得、特に科学技術日本語の向上、それから日本理解進展の傍証として、各授業での学習成果物のコピー保存も予定していた。しかし、授業担当者全員が学外非常勤講師であったこともあって、何をどのような形で保存すればよいのか、十分なコミュニケーションができず、結局この種のデータ収集は断念せざるをえなかった。さらに、プログラム開始前に他の準備に追われて、これらのデータをどう評価するか、その採点基準(ルーブリック)の設定が遅れ、プログラムが始まってしまったこともこの

データを諦めたもうひとつの理由である。
　このような失敗をしないために、プログラムの担当者全体に、何の目的で、どのような基準を用いて評価をするのか、評価活動全体に渡る説明をすることと、どのようにデータ保存をするか、明確に指示を出すことが重要である。そのために事前の準備は大変になるが、プログラム期間中に保存しなければならないデータごとに、保存するファイルケースなどを準備し、それぞれにどのような資料をどのような形で保存するかの指示書きをしておくことで、求める形でデータを確実に収集できると考えられる。

3. 回答者との共通言語の有無
　日本語教育プログラムでは、評価で用いることができる共通言語がないこともある。今回の評価でも、留学生や過去の参加者、協定校担当者などを対象に、すべてのデータを日本語で収集することは不可能であった。だが、幸いこれらの利害関係者と評価担当者との間での共通言語の英語が利用可能であった。個人面談でも、面談を分担した全教員が英語での日常会話能力が十分であったので、英語で留学生の本音を聞き出すことができた。また教員の中に米国人教員も1名含まれていたので、アンケートに現れたスラング表現の意味を確かめることも可能であった。
　現在のところ、プログラム参加協定校は英語圏の学校ばかりであるが、今後アジアなど別言語地域の学生の受け入れの可能性もあり、この問題は今後も潜在的な問題である。

4. 十分なトライアンギュレーションとデータ分析負荷のバランス
　日本語能力の伸びについては、今回の評価で多面的に測定することができた。しかし、日本文化・社会の理解の伸びや国際交流意識、そして満足度については、アンケートやFGなど複数のツールは用いたものの、主として当事者にどうであったかを尋ねるものであり、得られたデータは当事者の主観的なデータのみであった。今後は、参加者からの苦情の記録を取るなど、異なる視点からの客観的なデータを補う方法を考えなければならない。そして十分なトライアンギュレーションをするために、この他にどのようなツール

などが利用できるか、さらなる検討が必要である。

　しかし、十分なトライアンギュレーションを実現しようとすると、分析しなければならないデータ量が増大するというジレンマもある。特に今回は、日本人学生に対して、アンケートに加えて実施した FG の質的分析に膨大な時間を取られた。質的分析では、録音の文字起こし、コードワード付与、データ分析などさまざまな作業が必要である。また分析結果の提示方法についても、今回は、評価結果の裏付けとなるデータを明示すべく、この FG データ分析では、コードワードを用いた関連図などを描いてみたり、各コードワードの代表的な発言例を細かく引用する形式を用いたりした。確かにこれらの作業により深くデータを分析できたと考える。しかし、今回は内部報告でもあり、かかった時間や労力を考えると、もう少し簡略な分析、あるいはデータの表示形式でも、評価の目的はかなり達成できていたのではないかとも考える。

　このように、多角的に評価はしてみたいが、利用するツールが増えれば増えるほど、特に質的なデータを多用するほど、データ分析の負荷が増えてしまう。十分なトライアンギュレーションとデータ分析の負荷の間で折り合いをつけざるをえない。

5. 評価尺度・基準の選定

　今回の評価では、利用した評価尺度や基準の選定で多くの問題があった。日本語能力の伸びを測定するために自作した筆記試験では、スコアの伸びをプログラムの前後で比較することで、日本語能力が向上することは示すことができた。しかしこの尺度では、このプログラムの参加者はどのレベルにまで日本語能力が伸びたのかを対外的に示すことはできなかった。また留学生が行った日本語能力の伸びに対する自己評価では ACTFL-OPI のガイドラインを利用したが、これは会話能力に限られた尺度で、総合的な日本語能力を判断する尺度を見つけることができなかった。文化・社会理解の伸びに対して用いた Wisconsin's Model Academic Standards for Foreign Languages の文化理解尺度基準は、抽象的な表現で記述されていたために、これらをどのように解釈するかでかなり個人差が見受けられた。この基準の 4 分野の間で

「文化的行動」区分に「宗教的祭事や歴史的行事、儀礼様式などの役割や重要性を検討する」という基準記述が含まれており、歴史的・哲学/思想的な理由付け能力を測る「歴史的影響」区分と重複しているので、さらなる検討が必要である。

それから、プログラムに対する満足度や各活動の実施方法の適切さなどの評価に対する尺度や基準は、筆者が任意に設定したもので、どうしてその尺度を用いたのか、どうしてその基準が妥当であるか、明確な説明ができていない。

これらの問題は、今回の評価での大きな欠点であったと反省する。幸いにも今回は内部評価であったので、この問題はそれほど大きな議論を呼んでいないが、外部に公開される評価報告の場合は評価尺度の選定理由や基準設定の理由を明示することが重要である。その理由が明確にされていなければ、結局導き出される結論そのものがあいまいなものになってしまう。

2.4.11 項で言及したように、評価の尺度とは「ものさし」である。しかし、この「ものさし」は、本来、評価を行う者だけでなく、その結果報告を受ける立場の者にも共通で用いることができるようなものでなければならない。今回の評価において、日本語能力については日本語教育関係者の多くが知る ACTFL-OPI ガイドラインを流用することができたものの、日本文化・社会の理解度に用いた上述の文化理解尺度基準は、まだ社会的に広く認知されたものではない。また、国際交流意識の啓蒙などについては客観的に多くの人々が認識できるような「ものさし」を見つけることができなかった。今後、日本語教育分野でプログラム評価を推進するためには、少なくとも日本語能力と日本文化・社会理解能力の向上に関する何らかの評価尺度の開発は急務である[11]。

さらに、評価の基準とは何であるかを考えてみると、それは用いる尺度の上で「この程度の成果を挙げてほしい」という「理想像」あるいは「あるべき姿」を描くことである。ビジネスマンの英語の能力評価で用いられるTOEIC のスコア尺度では、海外部門配属や海外駐在のために、企業が期待するスコアは、990 点満点中 600–750 点と設定されている基準例がある。これは、この試験の開発過程で、多くの現職海外駐在員などを対象に、コミュ

ニケーション能力テストなどを実施し、TOEICの試験スコアとの検証調査を行ってはじき出された数字と言われている。したがって、この基準は海外業務を担う者の英語の能力のあるべき姿を示したものと考えられる。

　これらのことを踏まえて今回の評価を振り返ると、プログラムとしては参加者にこうあってほしいという理想像を十分に明確な形で描き切れていなかったことに気がつく。ぼんやりと、日本語が上手になってほしい、日本のことを理解してほしいとは願っていても、もっと具体的にどのような形になってほしいという理想像を描く必要があった。また、どうしてそうあってほしいと考えるかの理由付けも重要である。このような吟味をすることが、関係者を納得させる基準の設定につながると考える。

6. メタ評価のあり方

　今回のメタ評価では、米国・カナダで開発されたThe Program Evaluation Standards for Educational Evaluation第2版（以下Standardsと略）を利用した。これらは、2.4.12項および2.5.5項で述べたように、メタ評価での利用を推奨されているものである。評価方法などを吟味する上では、さまざまな観点を網羅してあるので役に立った。しかし実際に利用してみると、政治的な影響への配慮など、今回の評価には該当しない項目もいくつかあり、日本国内での評価の精度を検証するには、少し改良が必要ではないかと考える。それよりは、国際交流室長に評価してもらった自作アンケートによるメタ評価の方が実際の評価に即したものであり、現実の報告を踏まえて利害関係者がどのように今回の評価を見ているかを知る上で大変有意であると感じた。上述のStandardsを利用することは、必ずしも義務というわけではないから、適切に作られたものであれば、自作の評価シートによるメタ評価でも十分目的は達成できる。今後は、日本語教育の評価の目的に即したメタ評価基準を作成していくことも必要と考える。

　メタ評価の本来の目的は、当該評価が公正かつ適切に実施されたかを振り返ることである。さらに当該評価を再吟味することで、より良い評価のありかたについての知識も深めていくことができる。今回の評価で、メタ評価の方法はどのようなものにせよ、メタ評価を実施すること自体は十分意義があ

ると認識した。

7. 評価担当者の負担

　この評価で筆者は、プログラム自体の運営と自分の担当授業に加えて、評価担当者としての役割を務めた。プログラム開始前にすでに基本的な評価計画および準備をできるだけ行い、日本語担当教員にも日本語試験や個人面談作業を分担してもらうなど協力を得てはいた。けれども、特に1日の単位で状況が動いていく短期集中プログラムで、これらすべてをこなしていくことはかなりの重労働であった。

　このような状況を省みると、やはり計画・準備の段階で時間を十分に取り万全の段取りをしておくことが一番である。そして理想としては、評価担当者はプログラム活動そのものにはまったく携わらず、評価に専念できる状況が望ましい。あるいは、少し譲って、担当する授業時間数などをかなり減らして評価活動に十分な時間を取れる状況にできるとよい。その方が中立の立場も取りやすいと思われる。

8. 信用性の確立

　今回の評価で、評価担当者が内部者、それもプログラムの直接の担当者1名であったことは、改善目的では十分に目的を果たすことができたと思われる。けれどもプログラムの成果を説明可能にするという目的においては、信用性 (credibility) に欠けると言わざるを得ない。外部の評価専門家、それを得ることが無理でも、外部の日本語教育専門家1～2名が加わっていれば、今回の評価活動にもっと高い信用性を得ることができたであろう。今後、日本語教育界においても、類似のプログラム間の交流活動のひとつとして、互いのプログラムを評価し合う気風が生まれると、このような外部からの評価担当者を得やすくなると思われる。

注

1 札野 (2005) のバージョン。2 章の注 15 を参照。2.5 節では、このバージョンの一部順序を変更したものを提案している。
2 付録には、第 3 版の日本語訳入りをつけた。
3 学長には面談でインタビューを行った。理事会代表は、電話での質疑応答にのみ応じていただいたため、録音記録はない。
4 「新 12 ステップ」では「ステップ 8」。
5 「新 12 ステップ」では「ステップ 9」。
6 「新 12 ステップ」では「ステップ 7」。
7 資料 5–2–2、同 5–2–12、同 5–2–13 は省略。
8 浦嶋憲明、西森年寿、中原淳氏ら(当時大阪大学)が制作した解析ソフト。筆者がデータ分析を行っていた 2003〜04 年ごろ、日本語データを解析できた唯一の QDA (Qualitative Data Analysis) ソフトウェアで、web から無料でダウンロードが可能であった。ただし、現在は公開されていない。最近では、MAXqda、ATLAS.ti、NVivo など、日本語でも使える QDA ソフトウェアが市販されている。だが、基本的なコードワードの分析程度なら、Excel の並べ替え機能を利用して作業を進めることはできる。
9 「夏季日本語プログラム」(KIT-Summer Program in Japanese) では、留学生を研究生の身分で受け入れて、単位認定は各送り出し校で行った。1996 年から、名称を「日本語教育特別プログラム」(KIT-Intensive Japanese Program for Science and Technology) に変更し、留学生を科目等履修生として受け入れ、本学が単位認定をするようになった。
10 筆者は、2002 年および 2003 年の American Evaluation Association 年次大会の前後に開講された Professional Workshops で、半日〜2 日単位の講座を 6 講座 (計 36 時間) 受講した。受講した内容は、「プログラム評価入門」「質的分析」「フォーカス・グループ」「インタビュー法」「評価方法論」「質問票作成法」である。
11 このことに関連して、2010 年に国際交流基金より公開された「JF 日本語教育スタンダード」や、その開発の基本となった「ヨーロッパ言語共通参照枠 (Common European Framework of Reference for Languages (CEFR))」、また米国の "Standards for Foreign Language Learning" など、日本語教育の分野でもいくつかの能力基準が脚光を浴び始めている。これらの基準が今後関連分野でどの程度認知され利用されていくかを見守りたい。

6章
日本語教育でのプログラム評価実践の課題

　日本語教育界は、プログラム評価への認識がまだ広く浸透していない現状にある。そして前章の事例研究の評価では、多くの成果を得た一方で評価作業を進めて行く上でのさまざまな問題点が明らかになった。今後日本語教育分野で広くプログラム評価を実践していくためには、検討しなければならない多くの課題がある。

　そこで本章では、日本語教育でプログラム評価にどう取り組むべきか、具体的にどのように評価作業を進めていけばよいのか、そしてプログラム評価の普及をどのように促進させるかという3つの観点から、8つの課題に注目する。これらは、日本語教育関係者が特に関心を持つと考えられるものとして想定した。3つの観点と8つの課題は以下のとおりである。

1）日本語教育でのプログラム評価へのアプローチ
　　課題1-1　日本語教育プログラムでは何を評価すべきか
　　課題1-2　日本語教育における説明責任のための評価とはどのように取り組むのか
　　　　　　プログラム改善のための評価とどう違うのか
2）プログラム評価作業の進め方
　　課題2-1　誰が評価を担当するのか
　　課題2-2　どのように評価作業を進めていけばよいのか
　　　　　　—学習成果物やインタビューデータは、どのように扱えばよいのか
　　　　　　—トライアンギュレーションと分析負荷のバランスはどうすればよいのか

課題2-3　日本語教育特有の問題にどう対処すればよいのか
　　　　　　　―利害関係者との間に共通言語がない場合はどうすべきか
　　　　　　　―評価行動に対する文化的な影響をどのように軽減できるか
　　　課題2-4　どのような評価尺度および基準を用いることができるか
　　　課題2-5　プログラム評価を日本語教育活動の計画―実施過程上でど
　　　　　　　う位置づけるべきか
　3）プログラム評価促進のための方策
　　　課題3　日本語教育界でプログラム評価活動を促進させるために何を
　　　　　　　すべきか
これらの課題について今後どのように取り組むべきか、先行研究や筆者自身が行った評価経験をもとに考察する。

6.1　日本語教育でのプログラム評価へのアプローチ

　日本語教育のプログラムを評価しようとする場合、プログラムを取り巻くさまざまなことが評価すべきことがらであると思われる。その中から、どれを優先して評価すべきなのだろうか。

　また3章で言及したように、現代の外国語教育分野でのプログラム評価においては、単に学習言語の能力が向上したことだけでなく、プログラムの社会的役割を踏まえて、多面的にプログラムの現状や成果を見極めることが求められている。それによって説明責任を果たすことも期待されている。しかしながら、日本語教育においては説明責任のための評価というのはまだなじみが薄い。どのように取り組むべきであろうか。プログラム改善のための評価とどう違うのか。

　本節では、このような評価への取り組み方に関する次の2つの課題について論じていく。
　課題1-1　日本語教育プログラムでは何を評価すべきか
　課題1-2　日本語教育における説明責任のための評価とはどのように取り
　　　　　　組むのか
　　　　　　プログラム改善のための評価とどう違うのか

6.1.1　日本語教育プログラムで評価すべきこと
課題1-1　日本語教育プログラムでは何を評価すべきか

　4.3節で論じたように、実際に日本語教育プログラムを評価しようとすると、さまざまなことを評価の対象として取り上げることが可能である。しかしながら、これらすべてを一度に評価することは不可能である。そのためには、なんらかの方針のもと、評価目標や評価課題の選択が必要となる。この選択はどうすればよいだろうか。

　この選択を行うために、筆者は、まず当該プログラムが何を達成することを目的として実施されているのか、その実施目的が明確であることが必要であると考える。それは、言い換えれば、そのプログラムの存在目的、どうしてそのプログラムが必要とされているかということを明示することである。このプログラムの実施目的が明確になれば、おのずとその目的が達成できているか、という評価目標が設定できる。これは、そのプログラムが存在する価値を明らかにすることである。さらに、それをもう少し具体的に吟味していけば、さまざまな評価課題が見えてくるはずである。あるいは、先にぜひ評価したいと思う課題がある場合は、プログラムの実施目的に照らして、それらの評価課題がどのように位置づけられるか整理することができ、かつそのようなことがらを評価する意義を確認することもできる。

　しかしながら、実際の日本語教育活動の中には、とにかく日本語を教えればよいという条件だけで活動が行われ、実施目的が明記されていないプログラムが時折見受けられる。これまでにも、日本語がわからないと生活が不便だという現実が先行して、大学の日本語授業活動であるにもかかわらず、留学生の配偶者まで授業に加わっているケースまであったように、誰を対象としたプログラムなのか、プログラムの輪郭すら見えていないこともあった。だが今後はプログラム評価を通して、プログラムの存在価値を説明可能にし、その存続を認めてもらう目的での評価も増えていくと考えられる。そのためには、評価を始める前に、対象とする日本語教育プログラムの実施目的すなわち存在目的を明確に記述しておく必要がある。

　プログラムの実施目的を明記するためには、現場の担当日本語教師の目だけでなく、いろいろな立場に立つ利害関係者とのコミュニケーションを通し

て、プログラムを多角的な視点から捉えることが重要である。このようなコミュニケーションを行うことで、組織の中でのプログラムの位置づけや役割を明らかにし、社会的な存在意義を反映した実施目的を設定することが可能となる。さらに、この利害関係者とのコミュニケーションにおいて、彼らがどのようなことがらを評価してほしいと希望しているかについても尋ねていくことが、評価すべきことがらを選択する一助となる。

　5章で取り上げた今回の事例研究では、すでにKIT-IJSTの実施目的が明示されていたが、学長や理事会代表との話し合いを通して、その実施目的がプログラム開始から10年近く経った時点でも、大学がプログラムに期待することと合致していることを確認できた。このようなことを確認した上で評価に取り組むことは、この評価を実施する意義を高めるためにも重要であった。

　ただしプログラム評価においては、現実の問題として評価できることとできないことがある。たとえば今回の評価事例では、学長や理事会代表から、KIT-IJSTを実施することで本学学生やコミュニティーに対して本学のイメージアップができたかという項目が、評価したいことがらのひとつとして挙げられた。この課題を取り上げるとすれば、対象者にアンケートかインタビューで「本学のイメージが良くなったか」と質問することぐらいしか可能なツールが思い当たらない。ましてや、評価担当者が筆者ひとりであることを考慮すると、実施はほぼ不可能と断念せざるを得ない評価課題であった。評価計画を立案する際には、この例のように評価しきれる規模かどうかに加えて、まず評価の時点で、測ろうとするものを測ることができる評価ツールが存在するのか、あるいは評価担当者がそのツールを使えるのか、得られたデータを分析する手段とノウハウがあるのか、評価可能性を検討しなければならない。さらに実際に評価活動に充てられる時間や労力・予算などの条件に照らして実施可能かどうかの判断も必要である。

6.1.2　説明責任のための評価

課題1–2　日本語教育における説明責任のための評価とはどのように取り組むのか

プログラム改善のための評価とどう違うのか

　日本語教育活動において、プログラム改善という観点では、今までも終了時アンケート調査のような形でなんらかの評価は実施されてきた。しかし、2.4.1 項で論じたプログラム評価の、もうひとつの目的である説明責任については、まだ十分に理解が進んでいるとは言えない。そもそも説明責任のための評価とはどのように行うのだろうか。プログラム改善のための評価とどう違うのだろうか。

　説明責任のための評価とは、2.1 節および 2.3.1 項で論じたように、違法行為がないか、マネージメント面から見て有効かつ効率的であるか、次のステップのための意思決定に必要な情報を公開しているか、専門的知識を提供しているかなど幅広い観点を持つものである。したがって、評価を行うにあたって説明可能であるためには、まず評価報告を受ける立場（報告書の読者）にある利害関係者が何を知りたがっているのか、評価担当者自身が確実に理解しておくことが重要である。必要度の低い多くのデータを羅列するだけでは利害関係者を納得させることはできない。それよりも、彼らが本当に知りたいと思うことを簡潔に記述することが大切である。そのためには、これらの利害関係者との事前のコミュニケーションが不可欠である。

　第二に、当該評価で評価できることとできないことを明示することも、評価への信用性を得るために重要である。たとえば今回の評価事例では、本来なら KIT-IJST をキャンパスで実施することで、大学全体の学生にどのようなインパクトがあったのか、彼らの国際交流意識を啓蒙できたのかが、学長や筆者自身の興味のあるところであった。しかし実際には、限られた時間の筆者ひとりによる評価活動で、8,000 人を越える全学の学生を対象にプログラムの成果を測ることは事実上不可能であった。そのために今回は、直接プログラムに関わった本学学生のみに限定しての評価を実施し、報告書では評価の対象範囲とその限定理由を説明した。

　それから説明責任のための評価では、プログラムをより良く見せようとして、長所を中心に報告しがちになるが、客観的事実として短所も描写しなければ、報告書の読者からの信用を得ることは難しい。ある短所も見方を変えれば、長所として働くことも多い。さらにこの短所を直視することが、即改

善への方策へとつながっていく。このように考えを進めていくと、説明責任のための評価と改善のための評価は表裏一体であることが見えてくる。したがって、どちらの評価目的を重視した評価であるにせよ、プログラムの実状を、信頼できるデータを用いて描写することが、プログラム評価の基本と言える。そして現実を反映したデータがあってこそ、それを踏まえての価値判断が意味を持つものである。

6.2 プログラム評価作業の進め方

　日本語教育界において、現段階ではプログラム評価の実施ノウハウはまだ十分に蓄積されていない。そこで本節では、評価実践上で想定される次のような課題に注目して考察を進める。
　課題2-1　誰が評価を担当するのか
　課題2-2　どのように評価作業を進めていけばよいのか
　　　　　　—学習成果物やインタビューデータは、どのように扱えばよいのか
　　　　　　—トライアンギュレーションと分析負荷のバランスはどうすればよいのか
　課題2-3　日本語教育特有の問題にどう対処すればよいのか
　　　　　　—利害関係者との間に共通言語がない場合はどうすべきか
　　　　　　—評価行動に対する文化的な影響をどのように軽減できるか
　課題2-4　どのような評価尺度および基準を用いることができるか
　課題2-5　プログラム評価を日本語教育活動の計画―実施過程上でどう位置づけるべきか

6.2.1 評価の担当者

課題2-1　誰が評価を担当するのか
　プログラム評価を効果的に実施するためには、評価のノウハウについての専門的なトレーニングを受けた人物が評価を行うことが理想である。あるいは2.5節で紹介したAlderson & Scottの評価例のように、外部の評価の専門

家をアドバイザーとして立てて、現場の日本語教師が実際の評価を行うことも一案である。しかし、日本国内においては、たとえば政府レベルでもようやく総務省主導で行政評価を始めたところで、この種の評価の専門家はまだほんの一握りしか存在しない。では誰が評価を担当すればよいのだろうか。

たしかに評価の専門家はまだ多くはない。それでも、プログラム評価を行う意義は明らかであるから、筆者はまず実践を始めるべきであると考える。今回の事例研究のように、日本語教師であっても、プログラム評価の入門書で評価の基本的な概念やその実施ステップについて、ある程度知識を身につければ実施可能である。最初は日本語能力の向上など、日本語教育関係者が得意とする課題について小規模の評価を積み重ねていけばよいのではないか。その積み重ねの中で、たとえば評価方法や評価の尺度・基準のありかたなどについて議論を行い、日本語教育での評価のノウハウを蓄積していくのが賢明と考える。

また5.9節で言及したように、本事例では、プログラム運営と授業、評価活動のすべてをひとりで行うのは負担が大きすぎた。そしてプログラムの直接の担当者ひとりによる評価では、十分な信用性（credibility）を保証できなかった。これら本事例での反省を踏まえて、筆者は、できれば各日本語教育機関内、あるいは近隣のいくつかの機関関係者で評価担当者グループを立ち上げて、評価実績を積んでいくことを提案する。そうすれば、評価の負荷を分担することもできるし、複数の視点、あるいは外部の視点を評価に取り込むことも可能となる。

ただし、2.4.8項で紹介した費用対効果分析やプログラム成果の社会的なインパクトの分析のような、日本語教育活動とはかなりかけ離れた専門的な内容をとりあげて評価を行う場合は、プログラム評価に関する知識はなくても会計学や社会調査などその分野に明るい人々の協力を仰ぐべきである。これは評価の精度を論ずる以前に、会計学などの観点から見てあたりまえと思われることでも、門外漢にとっては全く初耳ということが少なくないからである。筆者自身、プログラム評価や政策・行政評価関連の研究書に目を通した際、このような内容に関しては、たとえそれが日本語で書かれたものであっても、専門用語などの知識がないため、ほとんど理解できなかった。

さらに評価や会計学など他分野の専門家の協力を仰ぐということは、4.1節でも論じたように、日本語教育以外の立場の人々を評価担当者チームに加えることでもある。評価の目的が日本語教育の質の向上であれば、日本語教育関係者だけの評価チームでもよいだろう。しかし、プログラム活動を社会的に説明可能にすることを目的とした評価の場合、評価チームに日本語教育以外の専門を持つ評価担当者を加えることは有益である。このような人々からは、何を評価すべきか、社会が求める評価の観点を知ることができる。また報告書を作成する段階でも、専門外の人々が日本語教育特有の専門用語などの意味を理解できるように配慮した表現を用いて報告をすることが可能となる。

6.2.2　評価の方法

課題 2-2　どのように評価作業を進めていけばよいのか
　　　　　―学習成果物やインタビューデータは、どのように扱えばよいのか
　　　　　―トライアンギュレーションと分析負荷のバランスはどうすればよいのか

　これまでに繰り返してきたように、日本では評価への関心がようやく高まってきた段階で、実施のためのノウハウはまだ十分に蓄積されていない。具体的には、どのようにして評価作業を行えばよいだろうか。また言語テストやアンケートなどは、日本語教育関係者でもなじみがある評価ツールと言えるが、学習成果物やインタビューデータのようなものはどのように分析すればよいだろうか。さらに、トライアンギュレーションが重要であると言われるが、分析作業の負荷とどのようにバランスを取るのがよいだろうか。
　一般の研究活動同様に、プログラム評価においても、評価の目的に合致した評価目標および評価課題を設定すること、そして適切な評価方法を選び確実にデータを収集することが、精度の高い評価を実現する基本である。プログラムの抱える問題の改善策を見つけ出すことを目的とした評価において、プログラムがいかにすばらしい成果を挙げたかだけを見ていては改善すべき点は見えてこない。あるいは参加者がどのような不満を抱えているかを知ろ

うとするのに、「何％満足したか」のような量的データしか入手しないのでは評価の目的を達成できない。

このような失敗をおかさないためには、上述の評価要素の間で整合性が取れているかを常に確認することが重要である。この整合性を確実なものとするために、2.5.1 項で提示した「評価計画・準備段階の新 12 ステップ」に則って計画・準備を進めること、そして 5 章の事例で示したような評価マトリクスの利用が効果的であると考える。「新 12 ステップ」では、基本的に必要な作業項目が網羅されているから、これらのステップに沿って計画を立案していけば、整合性を確認しながら効率的に計画・準備作業を進めることが可能である。評価マトリクスは作成に手間のかかるのが難点であるが、常に評価活動全体を見渡して同様な質問の重複などを避けることができるし、確実にトライアンギュレーションができているかを確認できるという利点がある。これらの利点は 5.9 節で詳細に論じた。

学習成果物の評価については、外国語教育研究での作文や口頭発表の評価などで「ルーブリック（rubric）」と呼ばれる採点基準を使って評価する手法が多く用いられるようになっている。一般に用いられている形式は、まず採点のための評価項目をいくつか設定し、評価項目ごとに数段階の達成レベルに分けて、各達成レベルを見極める基準を、言葉あるいは数値で表してそれらの配点を決定したものである。必要であれば、それらの評価項目間での重み付け、たとえば項目 A は項目 B の 2 倍の配点とすることも可能である。

本書の事例研究でも、科学技術日本語の習得状況を裏付けるために、毎週のプロジェクト授業で課されるレポートや最後の発表会での口頭発表原稿などを、表 6–1 のようなルーブリックを用いて評価を行うはずであった。

表 6–1　科学技術日本語採点用ルーブリック例

評価項目＼配点	0	1	2	3
使われている科学技術用語数	3 個以下	4～6 個	7～9 個	10 個以上
上記用語の用法（表記・文法・意味の各面）	使われた用語の 1/3 未満しか正しくない	使われた用語の 1/3 以上は正しく用いられている	使われた用語の 2/3 以上は正しく用いられている	すべて正しく用いられている

このようなルーブリックを用いた採点がどれだけ有効か、あるいはルーブリック作成の際にどのようなことに留意すべきかなどは、もう少し日本語教育の分野でも実績を積んで検証する必要があるが、評価の基準をできるだけ客観的かつ公平なものとしている点で、現時点で学習成果物の評価に利用可能と考える。

インタビュー記録などの言語による質的データは、数字などでは表せない現実を理解するために重要である。本事例では日本語インタビューデータのコード化に「野帳（やちょう）」というソフトを利用した（5.4.1 項参照）。このソフトでは、日本語データにコードづけしたり、そのコードを階層化して表示したりすることができる。ただし、どのようなコードを用いるか、あるいはコードをどのように階層化するかは、もちろん分析者に任されていることなので、このようなデータを利用する場合は、ある程度質的研究法についての学習が必要である。研究方法の学習のために英語で書かれた質的研究書は数多くある（Miles & Huberman, 1994; Bogdan & Biklen, 1998; Denzin & Lincoln, 1998 など）。

また最近日本でも、システマティックに観察記録や面談／インタビュー記録を分析する手法として、大谷（2008）の SCAT（= Steps for Coding And Theorization）[1] が注目を浴びている。その他に、教育学や社会学、医学、看護学関係者を中心に文献がある（高橋, 1998；木下, 1999；鈴木, 2002 など）。また質的データを用いた研究についてのメーリングリスト[2] などもある。

次にトライアンギュレーションとは、できる限り多様な視点、方法などを組み合わせて評価を行うことである。あることをアンケートデータの平均値ひとつでしか裏付けられない場合、そのデータが真実を反映できているのかどうか疑わざるを得ない。まして、それをもとに価値判断をしようとするのが評価であるから、トライアンギュレーションは重要である。しかし、だからと言って、ひとつの評価課題に対し、たとえば 10 個のツールを用いて評価を行うとしたら、データの収集および分析には膨大な時間や労力が必要となってしまう。特にインタビューのような質的なデータの分析は多くの時間を要するものである。したがって評価の精度を高めるために、十分なトライ

アンギュレーションが重要であると同時に、データ収集および分析にかけることのできる時間や労力とのバランスを取ることが肝要となる。

そのためには、まず当該評価課題に対して利用可能な各ツールのそれぞれの特性（回答者、量的データか質的データか、実施の時期など）を見極め、最小限の数のツールで、最大数の特性を組み合わせられるように吟味することを提案する。本事例では、5.9節で言及したように、留学生の日本文化・社会理解の伸びや満足度、本学学生の国際交流意識の高まりなどの評価で、アンケートやフォーカス・グループなど複数のツールを用いてはいた。しかしこれらは、どれも「当事者」からの「主観的」な「言語」データを「プログラム終了時」に収集する方法であった。もちろん同様なデータを複数集めることで、データの信頼性をさらに高めることはできる。しかし分析者がひとりであったことから、作業負荷は大変大きいものとなってしまった。このように、データ収集および分析のための時間や労力に制限がある場合は、最小限のツール数で最大数の特性が得られるツールの組み合わせにすることで、トライアンギュレーションを実現し、かつ作業の負荷を軽減することができるのではないかと考える。

さらに、上述のように言語データの質的分析は時間や労力を要する作業であるが、言語データを用いる場合でも、評価目的によってはある特定語彙の出現回数を数えたり、同時に出現する語彙の関連を調べたりするなど、質的データを量的データに変換して分析を行う方法も可能である。このような分析を自動的に行うコンピュータ・コーディングソフトも開発されている[3]。このようにして作業負荷を軽減することも一案である。

6.2.3 日本語教育特有の問題

課題 2-3　日本語教育特有の問題にどう対処すればよいのか
　　　　　―利害関係者との間に共通言語がない場合はどうすべきか
　　　　　―評価行動に対する文化的な影響をどのように軽減できるか

日本語教育プログラムとは、そもそも異なる言語や文化を背景に持つ学習者を対象に行われる活動であるから、さまざまな側面で言語や文化的な影響を考慮することが必要である。ひとつのプログラムに、母語や文化背景が異

なる学習者が混ざって集まっていることも多い。評価を行う場合に、評価担当者と学習者や彼らを取り巻く利害関係者との間で、共通言語がない場合はどうすればよいだろうか。

　また、評価するという行為自体には文化的な影響が見られる。たとえば、公の席で他人を批判することを良しとしない文化もある。自らの考えを、たとえば教師のようなある種の権威者に対して主張することを、好ましくないと考える文化もある。反対に、不平・不満をことさら大声で表現することを当然と見る文化もある。文化背景は、回答者と評価担当者の関係によって、どのように回答するか、その回答内容に影響を与えることもある。たとえば日本社会に見られるような「うち・そと」の概念は、評価担当者がプログラムの内部者であるか、あるいは外部者であるかによって、どこまで回答者が本音を言うかを大きく左右するものである。さらにフォーカス・グループの場合には、回答者間の上下関係のような人間関係が、意見の表明行動に影響することもある。このような文化背景によって表に出てこない声をいかに拾い上げるか、あるいは回答の文字面だけでなく、その裏にある真意をどの程度読みとれるかで、評価の精度も変わってくるものである。このような文化的影響をどのように軽減できるだろうか。

　5.9節で述べたように、今回の事例では、留学生に日本語で自分の意見や感情を十分に表現してもらうのは無理なことであったが、幸い彼らと評価担当者およびデータ収集協力者の間での共通言語として英語を利用することができた。過去の参加者や協定校側担当者対象の参考調査も同様であった。今回の評価では、かなりのデータが言語を媒介とするものであったから、共通言語がなかったら評価の負荷はもっと大きくなっていたはずである。

　一般の日本語教育プログラムの場合でも、評価を行うためには、英語や現地の言語あるいは学習者の母語に頼らざるを得ない。評価担当者自身がこれらの言語に精通していればよいが、通訳者あるいは翻訳者を介在させる場合は、分析に要する時間や労力が増大するだけでなく、誤訳などの危険性も増すことを覚悟しなければならない。さらに、アンケートなど書面による回答の場合はこのような分析にゆっくり時間をかけられるが、インタビュー、特にフォーカス・グループなどのグループインタビューの場合は時間の余裕がな

い。またフォーカス・グループは、本来10人ぐらいの回答者間で、互いの意見を聞くことによって触発されて、意識にのぼっていなかったことを意識し、発言するというグループダイナミクスを利用するものであるが、グループ間で共通言語がない場合、あるいはいちいち発言を通訳している場合にも、同様なグループダイナミクスが働くのかどうかはまだ解明されていない。

したがって、言語的な制約を抱えている状況での評価では、書面による記述やインタビューの録音あるいは録画など、できる限り生データを保存し通訳や翻訳の上での誤りがないか、繰り返し確認に努めることが肝要であると考える。そしてそのための時間的な余裕を、事前に確保することも重要である。

評価行動に対する文化的な影響に関しては、日本語教育プログラムを評価する場合、たとえば学習者自身や彼らの親権者など、日本とは異なる文化背景を持つ利害関係者が含まれることがほとんどである。したがって、評価を始める前に、このような人々が持つ評価に対する傾向について知識を得ておくことは有効である。

その結果を踏まえて、インタビューの形態を個人かグループか、その環境をフォーマルな雰囲気設定にするかインフォーマルなものとするか、またはアンケートを記名にするか匿名にするかなどの点に配慮すれば、文化的な影響を軽減することができる。また、権威者に対して本音を言わないような場合は、回答者の年齢や立場に近いデータ収集者を充てて威圧的雰囲気を作らないようにすることも有効である。しかし、すべての回答対象者が各自の文化のステレオタイプ的な評価行動を取るとは限らない。特にインタビューでは、回答者が話しやすいような質問行動、たとえば緊張をほぐすような雰囲気づくりをしたり、質問を浴びせかける尋問ではなく、ひとつの質問に対して時間が許す範囲で話を掘り下げるようにして会話のやりとりをしたりするなど、より多くの情報を引き出せるインタビュー技術をインタビュー者が修得することが一番大切だと考える。

6.2.4　利用可能な評価の尺度と基準

課題2–4　どのような評価尺度および基準を用いることができるか

日本語教育プログラムの評価では、どのような評価尺度や基準を利用すればよいのだろうか。日本語能力に関しては、日本語能力試験や日本留学試験、ジェトロビジネス日本語テストのような試験に加えて、ACTFL-OPIガイドライン、ヨーロッパ言語共通参照枠（CEFR）、JF日本語教育スタンダードなどが、ようやく日本語教育の分野でも注目を浴びるようになってきた。しかし、まだ日本文化や社会の理解などに関しては、広く認知された尺度があまり見当たらない。それから今後説明責任のための評価を進めていくためには、実際にその責任を果たせているかについても評価尺度や基準が必要なのではないか。

　評価の尺度とは、評価関係者の間で広く認知された共通の「ものさし」である。本事例では、日本語能力の向上の程度を測るために、筆記試験を自作し、会話テストおよび自己評価にはACTFL-OPIガイドラインを利用した。自作の筆記試験では、プログラムの前後でのスコアが増加することで、留学生の日本語能力が向上したことは示すことができた。しかし自作のものであったために、その結果をもって、対外的に彼らが一般の日本語習得過程でどのレベルからどのレベルまで能力が向上したかを示すことはできなかった。一方、会話テストではACTFL-OPIの能力基準を利用できたが、これは会話能力という限られた技能に関するものであった。

　そして文化・社会理解の能力を測る尺度・基準について、本事例の自己評価ではWisconsin's Model Academic Standards for Foreign Languagesの文化理解尺度基準を利用した。だが、これは能力基準の説明をどのように解釈するかにより、かなりの個人差が生じるようにも思われた。また、今回は留学生自身による主観的な自己評価でこの基準を用いたが、他に客観的にこの能力を測定できるようなツールは見当たらなかった。さらに5.9節で指摘したように、この文化理解尺度基準には評価項目間で重複した部分があった。

　日本語教育でのプログラム評価において、学習者の日本語能力の向上の程度を測ることはほぼ共通の評価課題であるので、実用的な尺度・基準が求められている。同じように、日本語教育分野に関連することが、たとえば日本文化や社会の理解度を測る尺度や日本語環境への適応状況を測る尺度なども日本語教育プログラムの評価には有用である。

今後の日本語の能力評価に関しては、上述のCEFRや新たに提案されたJF日本語教育スタンダードなどが代表的な基準となっていくのではないかと推測する。これらが今後どの程度広く認知され、どのように利用されるかを参照しつつ、プログラム評価においても利用可能かどうかを吟味することになるだろう。

　それから異文化理解や適応能力については、米国で1999年に公表されたStandardsの文化などに関する記述が参考になる(National Standards, 1999)。これは日本の学習指導要領にあたるもので、幼稚園から大学学部教育(K〜16)の過程における日本語も含む主たる外国語および異文化教育での達成基準である。さらに、本事例で用いた評価基準は、ウィスコンシン州の教育委員会が独自に設定したものであったが、この他にもオレゴン州やイリノイ州などいくつかの州教育委員会[4]でも類似の基準を設定している。これらを比較・参照しながら、目的に応じた基準を自作することも一案である。合わせて、より一層幅広く参考にできる尺度や基準を探す努力が必要である。

　ただし評価の尺度や基準の設定においては、最初からすべての利害関係者が納得できる完璧な尺度や基準を求めることは無理である。評価を積み重ねる中で、実際の状況により即したものに変えていくしかない。まずは暫定的な形で、必要であれば対象学習者や対象技能を絞って、何らかの評価尺度・基準を設定し、評価の実践を通してその適切さを吟味していくことで、必要な尺度・基準を整備していくことが早道と考える。

　それから、「当該評価活動が十分に社会的な説明責任を果たしているか」という観点での「評価の評価」すなわち「メタ評価」に用いる尺度や基準も、日本語教育関係者にとっては関心のあるところである。

　現段階では、米国規格協会(American National Standards Institute (= ANSI))の認可を受けたJoint Committee on Standards for Educational Evaluation (JCSEE)という団体が提唱するメタ評価基準 "Program Evaluation Standards (第3版)" (The Joint Committee, 2010)が利用可能である(資料2-1参照)。5章の事例で用いた第2版(The Joint Committee, 1994)は、2.4.12項で論じたように、さまざまな政治的圧力などを受けることの多い行政プロジェクトや、社会プログラムなどのメタ評価にも利用できるようになってい

て、評価基準項目自体に北米社会の価値観が反映されていた。そのため、5.8節で述べたように、第2版をそのまま日本語教育プログラムで利用することには困難な点があった。しかし第3版ではこのような政治・文化色が払しょくされ、中立的な立場からのメタ評価が可能になっている。客観的にみずからの評価活動を振り返るのに、第3版は有用だろうと思われる。

6.2.5　プログラム運営上での評価活動の位置づけ

課題2-5　プログラム評価を日本語教育活動の計画―実施過程上でどう位置
　　　　　づけるべきか

　日本語教育プログラムを計画―実施していく過程において、どの段階でプログラム評価を計画および準備し始めればよいだろうか。

　2.4.2項で言及したように、プログラム評価は、プログラムの実施前、途中、終了後のいずれの段階でも実施可能である。ただしこの実施時期は、評価目標によって決まるものである。しかし、どの時期に実施するにせよ、評価計画はプログラム自体の計画と並行して進める必要がある。特に今回の事例のように、終了時に行う総括的評価ではあっても、プログラムの前後で日本語能力の変化を比較するといったような場合は、プログラム開始以前に実施スケジュールを定め、ツールを準備しておく必要がある。また今回は、評価担当者である筆者自身がプログラムの運営にも携わっていて、かなり忙しい立場にあった。そのような場合は、プログラム開始前にひととおりの評価ツールを用意しておくとよい。

　それから多くの場合、評価は評価担当者が単独で実現できるものではなく、データ収集作業では現場の日本語教師に協力を仰ぐことも多いため、これらの人々に評価への理解を求め、具体的な指示を与えるための時間も必要である。したがって、恒常的にプログラムが稼働しているところでは、年間活動計画の一部として、これらの評価関連作業を組み込んでおくことが賢明である。

6.3 プログラム評価活動促進のための方策

課題3　日本語教育界でプログラム評価活動を促進させるために何をすべきか

　これまで論じてきたように、プログラム評価を実施する大きな2つの目的は、評価結果を公開することにより社会的な説明責任を果たすことと、結果を踏まえてプログラムの存廃の決定、あるいは改善すべきことがらおよび方策を見い出すための情報を得ることである。このようなプログラム評価を日本語教育分野で促進させることは、日本語教育の存在および役割を社会に広く認知してもらうために、そして教育の質の改善のために有効である。今後日本語教育関係者に対して、プログラム評価への知識を広め、実践を促すためには日本語教育界でどのような方策を採るべきであろうか。

　現在、日本の各大学では、法令にもとづき、ある一定期間ごとにそれぞれの教育システムに関して、大学評価・学位授与機構など、所定の認証機関による認証評価受審を義務づけられるようになった。まずこのような社会の動きは、日本語教育関係者のみならず、広く社会の人々にプログラム評価とは何かが認知されるのを促進するだろう。しかし理想的には、このような認証評価を単なる「義務」と捉えるのではなく、「教育プログラムの高い質の維持あるいは向上のための方策」として位置づけ、各機関で積極的に認証受審あるいは自己評価を実践してほしいものである。

　そのために、日本語教育学会や日本語教育関係の諸協議会などの単位で、プログラム評価について学ぶ研究会やワークショップを開催していけば、日本語教育関係者の間に評価知識の普及を促進できる。合わせて研究発表の場などにおいて、具体的な実践例をもとに評価作業の過程やノウハウを議論したり、評価結果にもとづいてプログラムがどのように改善されたかの事例を報告したりする情報公開も、日本語教育界全体での評価に関する関心を高めることに寄与できるはずである。

　評価に関する知識の普及と並行して、筆者は、各日本語教育機関あるいは日本語教育界全体で、本来日本語教育が担っている役割を再確認することと、それを踏まえて、社会は日本語教育にどのようなことについての説明責

任を求めているか、評価すべきことがらを明確にする努力も重要と考える。自らの役割を自覚し、社会の求めに応じる形でプログラム評価を行っていけば、日本語教育界において評価の重要性に対する認識がさらに高まり、評価の実践も促進されるにちがいない。

以上、ここで取り上げた課題は必ずしも日本語教育界だけのものだけではない。英語教育やその他の分野の教育活動でも、今後プログラム評価のニーズは高まるであろう。関連諸分野と連携して、評価に関するノウハウをより多く蓄積し、これらの課題解決に取り組んでいかなければならない。

注

1 大谷(2008)で紹介されているSCATについては、以下のウェブサイトから入手可能である。
 http://www.educa.nagoya-u.ac.jp/~otani/scat/index.html
2 日本での質的研究の動向については、以下のようなウェブサイト参照。
 「質的研究メーリングリスト」http://www.educa.nagoya-u.ac.jp/otani/quality/quality-ml.html
 「質的研究の広場」http://www.geocities.co.jp/Technopolis-Mars/4688/
 「質的調査関連ページ」http://pweb.sophia.ac.jp/~t-oka/qr_index.html
3 コンピュータ・コーディングソフトについては、立命館大学産業社会学部の樋口耕一准教授のウェブサイト参照。http://koichi.nihon.to/psnl/
4 各州の教育委員会のウェブページには、
 http://www.actfl.org/i4a/links/#State%20Departments%20of%20Education
 からリンクがある。

むすび

　ここでは、むすびとして日本語教育でプログラム評価を実践することでどのような効用が考えられるか、またその実践を促すために何から始めていくとよいか、筆者の考えを述べる。

日本語教育におけるプログラム評価の効用と今後の課題

　プログラム評価とは、簡潔に言えば、多角的な視点で信頼できるデータを収集し、それを理想とする評価基準と照らし合わせ、あるプログラム活動がどのような状況にあるか判断を行うシステムである。このシステムで得られるデータを根拠とする評価結果は、プログラムの成果を内外に伝えるために説得力のあるものである。またプログラム評価はプログラムの現状を的確に把握するだけでなく、問題解決のために必要な情報を明確にする上でも大変有効である。

　筆者自身、このようなプログラム評価の理論を学び、実践して思うことは、やはりこれからの日本語教育界にはプログラム評価が必要だということである。

　「1章　はじめに」で述べたように、日本語教育は社会的な使命を担っている活動である。たとえば、国民の税金を使って海外からの留学生を受け入れ、日本語教育および専門教育の機会を提供することは、彼ら自身の能力を高めるためだけでなく、彼らの出身国の社会・経済・文化・科学技術などの発展を促進することに貢献する。さらに、このような留学生が日本と彼らの国との間の大きな架け橋となって、相互の人々の交流を深める役割を果たし

てくれる。私費留学の場合は、留学生自らがこのような役割を果たすことを望んで、日本にその夢を託してくれているわけである。それから、同じく税金を使う公立小・中学校での外国人子弟への日本語教育や、人々のボランティアによる地域在住外国人への日本語指導も、日本人と外国人居住者との共生を進めるためには不可欠な活動である。一方、海外における日本語教育の取り組みも、言葉の学習を通して人々に日本への理解を深め親しみを持ってもらうために重要な役割を果たしている。

ところが、このような日本語教育が持つ社会的な使命は、一般の人々には見えにくいものなのかもしれない。特に日々の生活の中で日本語学習者との接触がない人々には、日本語教育と国語教育の違いさえ明確ではない。言い換えれば、このような状況は、日本語教育という活動の存在意義が社会の人々に十分に認知されていないということである。

本来、税金や授業料をもとにして上述のような社会的な役割を担うということは、「2.4.1 評価の目的」の項で論じたように、活動成果を明らかにする説明責任を課されていることである。さらに継続的に成果を公表していくためには、プログラム評価が目指すもうひとつの目的、つまりプログラムの質の改善に真摯に取り組むことも不可欠である。

しかしこれまでの日本語教育の歩みを振り返ると、私たち日本語教師の多くは、自分が担当する授業の範囲内で「日本語の何を、どのように教えるか」に腐心し、自らの教授活動をプログラムの一部として位置づけ、プログラム全体としての成果を省みる姿勢に欠けていた。各日本語教育機関も、それぞれが担う社会的使命を公に表明し、各機関で実施しているプログラムの成果を明らかにすることの必要性を十分に認識できていなかった。このような状況が、人々に日本語教育の存在意義を十分に認知してもらえない原因となっている。

これからは、日本語教育に課された説明責任を果たし、質の改善を進めるために、自分たちの関わる日本語教育プログラムの評価に取り組み、その結果を内外に明らかにすべきである。

それによって、人々に日本語教育の存在意義を認知してもらうことが促進されるに違いない。それはまた、人々に真の国際交流とは何かということに

ついて、理解を深めてもらう契機ともなる。その結果、日本国内であれば、各地域の人々との交流もより一層円滑になり、日本語学習者も地域に深く溶け込むことができるようになる。そして、地域の人々とのつながりがまた学習者の日本語学習意欲を高め、彼らの日本文化・社会の理解を深めることへの一助となるはずである。一方海外の場合には、プログラム存続への賛同を得、さらなる資金援助を期待することができる。

　日本語教師自身にとっても、プログラム評価から得るものは多い。日本語教師として、自分が関わるプログラムが学習者たちのために何ができたのかを振り返るのに、評価活動は大変有効である。組織の一員として自分の成し遂げた仕事が、社会にどのような貢献ができたのかを表明することもできる。もちろん、そこでは自分たちの活動の不備な点も明らかにされるので苦い思いもする。しかし、これはプロフェッショナルとして専門性を高めていく上で必要不可欠なことである。

　プログラム評価にこのような効用があるからこそ、日本語教育界にプログラム評価が根付いてほしいと切に願う。積極的にプログラム評価を実施することで、日本語教育の活動が社会に広く認知され、その結果人々から支援を受けることによって、ますます日本語教育の社会への貢献度が高まるに違いない。

　しかし、「6章　日本語教育でのプログラム評価実践の課題」で論じたように、日本語教育分野で広くプログラム評価を実践するために、多くの課題があることも見えてきた。これらの中には簡単に解決のできないものもある。また視野を広げると、我が国でも昨今、大学評価や自治体評価など、社会のさまざまな分野で評価への関心が高まってきてはいる。だが、他人のことを批判し、批判されるのが苦手と言われる日本の社会だけに、本格的な評価のシステムが、日本の社会になじみ正しく機能するまでには、かなりの時間を要するとも考えられる。

　筆者自身としては、まず日本語教育関係者に上述のようなプログラム評価の効用を説き、数名の日本語教師グループで小規模な評価を積み重ねることから始めてみたい。それを通して、広く日本語教育関係者のプログラム評価への関心を促していきたい。そして、日本語教育界全体で多くの評価に取り

組むことができれば、日本語教育分野に適した評価のノウハウの蓄積が促進され、多くの課題が解決できるようになると信じる。

引用文献

Agard, F. B. and Dunkel, H. B. 1948 *An Investigation of Second Language Teaching*. Boston: Ginn and Company.

Alderson, J. C. and Beretta. A. (eds.) 1992 *Evaluating Second Language Education*. Cambridge: Cambridge University Press.

Alderson, J. C. and Scott, M. 1992 "Insiders, outsiders and participatory evaluation." In Alderson, J. C. and Beretta, A. (eds.) *Evaluating Second Language Education*. Cambridge: Cambridge University Press, pp. 25–60.

Alkin, M. C. 1969 "Evaluation theory development." *Evaluation Comment*, Vol. 2, pp. 2–7.

American Council on the Teaching of Foreign Languages 1989 *The ACTFL Oral Proficiency Interview: Tester Training Manual*. Yonkers, NY: ACTFL

Beretta, A. 1992 "Evaluation of language education: An overview." In Alderson J. C. and Beretta, A. (eds.) *Evaluating Second Language Education*. Cambridge: Cambridge University Press, pp. 5–24.

Bogdan, R. C. and Biklen, S. K. 1998 *Qualitative Research for Education: An Introduction to Theory and Methods*. Boston: Allyn and Bacon.

British Council. 2004 *Our History*. http://www.britishcouncil.org/history

Brown, J. D. 1995 *The Elements of Language Curriculum*. Boston: Heinle & Heinle.

Campbell, D. T. and Stanley, J. C. 1963 "Experimental and quasi-experimental designs for research on teaching." In Gage, N. L. (ed.) *Handbook of Research on Teaching*. Chicago: Rand McNally, pp. 171–246.

Carroll, J. B. 1963 "Research on teaching foreign languages." In Gage, N. L. (ed.) *Handbook of Research on Teaching*. Chicago: Rand McNally, pp. 1060–1100

Cronbach, L. J. 1963 "Course improvement through evaluation." *Teachers College Record*, No. 64, pp. 672–683.

Denzin, N. K. 1978 *The Research Act: A Theoretical Introduction to Sociological Methods*. 2nd ed., New York: McGraw-Hill.

Denzin, N. K. and Lincoln, Y. S. (eds.) 1998 *Collecting and Interpreting Qualitative Materials*. Thousand Oaks: Sage.

Frechtling, J. (ed.) 1993 *User-friendly Handbook for Project Evaluation: Science, Mathematics, Engi-

neering and Technology Education. Arlington, VA: National Science Foundation. NSF 93–152.

Frechtling, J., Sharp, L. and Westat, Inc. (eds.) 1997 *User-friendly Handbook for Mixed Method Evaluations*. Arlington, VA: National Science Foundation. NSF 97–153.

Freeman, D. 1998 *Doing Teacher-Research: From Inquiry to Understanding*. New York: Heinle and Heinle.

GAO (United States General Accounting Office) Program Evaluation and Methodology Division 1991 *Designing Evaluations*. GAO/PEMD-10.1.4.

Guba, E. G., and Lincoln, Y. S. 1981 *Effective Evaluation*. San Francisco: Jossey-Bass.

Hammond, R. L. 1973 "Evaluation at the local level." In Worthen, B. R. and Sanders, J. R. *Educational Evaluation: Theory and Practice*. Belmont, CA: Wadsworth.

Joint Committee on Standards for Educational Evaluation 1981 *Standards for Evaluations of Educational Programs, Projects, and Materials*. New York: McGraw-Hill

Joint Committee on Standards for Educational Evaluation 1994 *The Program Evaluation Standards- How to Assess Evaluations of Educational Programs*. 2nd ed. Thousand Oaks: Sage.

Joint Committee on Standards for Educational Evaluation 2010 *The Program Evaluation Standards.(3rd ed.)*

http://www.jcsee.org/program-evaluation-standards

Keating, R. F. 1963 *A Study of the Effectiveness of Language Laboratories*. New York: Institute of Administrative Research, Teachers College.

Kenney, D. A. 1975 "A quasi-experimental approach to assessing treatment effects in the nonequivalent control group design." *Psychological Bulletin*, Vol. 82, No. 3. pp.229–234.

Kiely, R., Murphy, D. F., and Rea-Dickins, P. (eds.) 1994 *Proceedings of First PRODESS (Project Development support Scheme) Colloquium*, The British Council.

Kiely, R., Murphy, D. F., and Rea-Dickins, P. (eds.) 1995 *Proceedings of Second PRODESS (Project Development support Scheme) Colloquium*, The British Council.

Lewkowicz, J. A. and Nunan, D. 1999 "The limits of collaborative evaluation." *TESOL Quarterly*, Vol. 33, No. 4, Winter, pp. 681–700.

Love, A. and Russon, C. 2005. "Evaluation standards in an international context." In Russon, C. and Russon, G. (eds.) *International Perspectives on Evaluation Standards*. New Directions for Evaluation. No. 104, Jossey-Bass, pp. 5–14.

Low, L., Duffield, J., Brown, S. and Johnstone, R. 1993 *Evaluating Foreign Languages in Primary Schools*. Scottish Centre for Information on Language Teaching, University of Stirling.

引用文献 177

Lynch, B. K. 1988 *Toward a Context-Adaptive Model for the Evaluation of Language Teaching Programs.* Dissertation Abstracts International 48:2264A, UCLA Ph.D Dissertation (1987)

Lynch, B. 1992 "Evaluating a program inside and out." In Alderson, J. C. and Beretta, A. (eds.) *Evaluating Second Language Education.* Cambridge: Cambridge University Press, pp. 61–99.

Lynch, B. K. 1996 *Language Program Evaluation: Theory and Practice.* Cambridge: Cambridge University Press.

Lynch, B. 1996 "Qualitative data gathering and analysis." In Lynch, B. *Language Program Evaluation: Theory and Practice,* Cambridge: Cambridge University Press, pp. 107–154.

Metfessel, N. S., and Michael, W. B. 1967 "A paradigm involving multiple criterion measures for the evaluation of the effectiveness of school programs." *Educational and Psychological Measurement*, Vol. 27, pp. 931–943.

Miles, M. B. and Huberman, A. M. 1994 *Qualitative Data Analysis: An Expanded Sourcebook.* 2nd ed., Thousand Oaks: Sage.

National Standards in Foreign Language Education Project 1999 *Standards for Foreign Language Learning in the 21st century.* Lawrence, KS: Allen Press.

Owen, J. M. 1999 *Program Evaluation: Forms and Approaches.* Thousand Oaks, CA: Sage.

Owens, T. R. 1973 "Educational evaluation by adversary proceeding." In House, E. R. (ed.) *School Evaluation: The Politics and Process.* Berkeley, CA: McCutchan, pp. 295–305.

Provus, M. M. 1971 *Discrepancy Evaluation.* Berkeley, CA: McCutchan.

Rea-Dickins, P. and Germaine, K. P. (eds.) 1998 *Managing Evaluation and Innovation in Language Teaching: Building Bridges.* London: Longman.

Rossi, P. H., Freeman, H. E. and Lipsey, M. W. 1999 *Evaluation: A Systematic Approach.* 6th ed. Thousand Oaks, CA: Sage.

Scherer, G. A. C. and Wertheimer, M. 1964 *A Psycholinguistic Experiment in Foreign Language Teaching.* New York: McGraw-Hill.

Scriven, M. 1967 "The methodology of evaluation." In Tyler, R. W., Gagne, R. M. and Scriven, M. (eds.) *Perspectives of Curriculum Evaluation.* Chicago: Rand McNally, pp. 39–83.

Scriven, M. 1973 "Goal-free evaluation." In House, E. R. (ed.), *School Evaluation: The Politics and the Process.* Berkeley, CA: McCutchan, pp. 319–328.

Scriven, M. 1980 *The Logic of Evaluation.* Invernes, CA: Edgepress.

Scriven, M. 1991 *Evaluation Thesaurus.* 4th ed. Newbury Park, CA: Sage.

Scriven, M. 2000 *The Logic and Methodology of Checklists.* http://www.wmich.edu/ evalctr/checklists/

papers/ logic_methodology.htm

Scriven, M. 2007 *Key Evaluation Checklist.* http://www.wmich.edu/evalctr/archive_checklists/kec_feb07.pdf

Smith, M. F. and Maeyeske, G. 1989 *Evaluability Assessment: A practical Approach.* Norwell: Kluwer Academic Publishers.

Smith, P. D. 1970 *A Comparison of the Cognitive and Audio-lingual Approaches to Foreign Language Instruction: The Pennsylvania Foreign Language Project.* Philadelphia: The Center for Curriculum Development, Inc.

Stake, R. E. 1967 "The countenance of educational evaluation." *Teachers College Record*, Vol. 68, pp. 523–540.

Stake, R. E. 1975 *Program Evaluation, Particulary Respoinsive Evaluation.* Occasional Paper, No. 5. Kalamazoo: Western Michigan University Evaluation Center.

Stufflebeam, D. L. 1966 "A depth study of the evaluation requirement." *Theory into Practice*, Vol. 5, No. 3, pp. 121–133.

Stufflebeam, D. L. 1967 "The use and abuse of evaluation in Title III." *Theory into Practice,* Vol. 6, pp. 126–133.

Stufflebeam, D. L. 1971 "The relevance of the CIPP evaluation model for educational accountability." *Journal of Research and Development in Education*, Vol. 5, pp. 19–25.

Stufflebeam, D. L. 2003 "The CIPP model for evaluation." presented at the 2003 Annual conference of the Oregon Program Evaluators Network (OPEN). http://www.wmich.edu/evalctr/pubs/CIPP-ModelOregon10-03.pdf

Tyler, R. W. 1949 *Basic Principles of Curriculum and Instruction.* Chicago: University of Chicago Press.

Walsh, J., Hammond, J., Brindley, G. and Nunan, D. 1990 *Evaluation of the Metropolitan East Disadvantaged Schools Program Professional Development Program for Primary Teachers, Focusing on Teaching Factual Writing.* Macquarie University: National Centre for English Language Teaching and Research.

W. K. Kellogg Foundation 2001 *Logic Model Development Guide.* Battle Creek: W. K. Kellogg Foundation.

Worthen, B. R. and Sanders, J. R. 1987 *Educational Evaluation: Alternative Approaches and Practical Guidelines.* New York: Longman.

Worthen, B. R., Sanders, J. R. and Fitzpatrick, J. L. 1997 *Program Evaluation: Alternative Approaches and Practical Guidelines*. 2nd ed. New York: Addison Wesley Longman.

Yarbrough, D. B., Shulha, L. M. and Carthers, F. 2005 "Background and history of the Joint committee's program evaluation standards." In Russon, C. and Russon, G. (eds.) *International Perspectives on Evaluation Standards*. New Directions for Evaluation. No. 104, Jossey-Bass, pp. 15–30.

有馬淳一、島田徳子　2002「意味のある学習環境の設計を目指したコースデザイン―2000年度埼玉県 JET 青年日本語研修での実践―」『日本語国際センター紀要』第 12 号、pp. 87–105

和泉元千春、岡本仁宏、野田昭彦　2004「研修終了者追跡調査手法の確立への一考察―国際交流基金関西国際センターにおける研修修了者追跡調査の試み―」『日本語国際センター紀要』第 14 号、pp. 105–122

岩永雅也、大塚雄作、高橋一男　1996『社会調査の基礎』放送大学教育振興会、放送大学教材 12196–9611

大住莊四郎　1999『ニュー・パブリックマネジメント：理念・ビジョン・戦略』日本評論社

大谷信介、木下栄二、後藤範章、小松洋、永野武（編著）　1999『社会調査へのアプローチ』ミネルヴァ書房

大谷尚　1997「質的研究手法」　平山満義編著『質的研究法による授業研究：教育学・教育工学・心理学からのアプローチ』北大路書房、pp. 140–153

大谷尚　2008　「4 ステップコーディングによる質的データ分析手法 SCAT の提案―着手しやすく小規模データにも適用可能な理論化の手続き―」『名古屋大学大学院教育発達科学研究科紀要（教育科学）』第 54 巻 2 号、pp. 27–44

木下康仁　1999　『グラウンデッド・セオリー・アプローチ：質的調査法の再生』弘文堂

久保田美子、奥村三菜子　2002「ケルン日本文化会館日本語講座受講者に対するアンケート調査結果報告―学習者分析から新シラバスの提言へ―」『日本語国際センター紀要』第 12 号、pp. 35–50

国際協力事業団企画・評価部評価管理室　2001「JICA 事業評価ガイドライン」http://www.jica.go.jp/evaluation/guideline/pdf/gudeline.pdf より入手

国際交流基金・日本国際教育協会（編著）　2002『日本語能力試験出題基準　改訂版』凡人社

鈴木淳子　2002『調査的面接の技法』ナカニシヤ出版

政策評価研究会（通商産業省大臣官房政策評価広報課）　1999『政策評価の現状と課題―新

たな行政システムを目指して―』木鐸社
高橋順一　1998「フィールド研究におけるインタビュー」　高橋順一・渡辺文夫・大渕憲一（編著）『人間科学研究法ハンドブック』ナカニシヤ出版、pp. 135–148
高橋順一、渡辺文夫、大渕憲一（編著）　1998『人間科学研究法ハンドブック』ナカニシヤ出版
独立行政法人大学評価・学位授与機構　2003　http://www.niad.ac.jp
日本語教育学会コースデザイン研究委員会著、日本語教育学会（編）　1991『日本語教育機関におけるコースデザイン』凡人社
札野寛子　2005「日本語教育プログラム評価に関する研究」　名古屋大学大学院国際言語文化研究科博士論文
森敏昭、吉田寿夫　1990『心理学のためのデータ解析テクニカルブック』北大路書房
山谷清志　1997『政策評価の理論とその展開―政府の説明責任―』晃洋書房
横溝紳一郎　2000『日本語教師のためのアクション・リサーチ』凡人社

資料

資料リスト

資料 2-1	The Program Evaluation Standards for Educational Evaluation（3rd ed.）	
	（全文掲載）	184
資料 5-1	KIT–IJST についての I 学長インタビュー	
資料 5-2-1	留学生終了時アンケート ✉	
資料 5-2-2	日本人学生アルバイト募集資料	
資料 5-2-3	KIT–IJST2002 日本人会話パートナー対象アンケート ✉	
資料 5-2-4	KIT–IJST2002 日本人プロジェクトパートナー対象アンケート ✉	
資料 5-2-5	KIT–IJST2002 SGE 対象アンケート ✉	
資料 5-2-6	留学生自己評価票 ✉	
資料 5-2-7	留学生個人面談の質問 ✉	
資料 5-2-8、9	会話パートナー / プロジェクトパートナー FG（フォーカス・グループ）質問 / SGEFG 質問 ✉	
資料 5-2-10、11	教員への質問 / 職員への質問 ✉	
資料 5-2-12	日本語筆記試験	
資料 5-2-13	会話テスト質問例	
資料 5-3	会話パートナー FG インタビュー書き起こし原稿例 ✉	
資料 5-4	日本語試験データ報告資料（KIT–IJST2002 報告書から）	
資料 5-5	留学生自己評価結果報告資料（KIT–IJST2002 報告書から）✉	
資料 5-6	留学生アンケート結果報告（KIT–IJST2002 報告書から）	
資料 5-7	留学生アンケート質問内容および結果集計（抜粋掲載）	191
資料 5-8	留学生個人面談記録	
資料 5-9-1	日本人学生アンケート結果一覧 ✉	
資料 5-9-2	日本人学生アンケート結果（パート 2 影響・インパクト）✉	
資料 5-9-3	日本人学生アンケート結果（パート 3 感想）✉	
資料 5-9-4	日本人学生アンケート結果（パート 3 つづき 留学生との交流の機会に関する希望・意見・感想）✉	
資料 5-10-1	会話パートナー FG 結果（抜粋掲載）	194
資料 5-10-2	プロジェクトパートナー FG1 結果 ✉	
資料 5-10-3	プロジェクトパートナー FG2 結果 ✉	

資料 5-10-4	SGE FG 結果 ✉	
資料 5-11	日本人学生アンケートおよび FG 結果報告（KIT–IJST2002 報告書から）	
	（抜粋掲載）	198
資料 5-12	教員インタビュー分析記録例 ✉	
資料 5-13	教職員からの回答一覧	
資料 5-14	過去の参加者への調査用紙 ✉	
資料 5-15	過去の参加者への追跡調査アンケート結果概要 ✉	
資料 5-16	協定校担当者へのアンケート調査用紙 ✉	
資料 5-17	KIT–IJST に対する協定校担当者へのアンケート調査回答	
資料 5-18	KIT–IJST プログラム評価報告書エグゼクティブ・サマリー ✉	
資料 5-19	国際交流室長によるメタ評価	

✉印の資料をご覧になりたい方は、

hfudano@neptune.kanazawa-it.ac.jp まで、電子メールにてご請求ください。

Program Evaluation Standards プログラム評価基準（第3版）
The Joint Committee on Standards for Educational Evaluation, 3rd ed.

Yarbrough, D. B., Shulha, L. M., Hopson, R. K., and Caruthers, F. A. (2011).
The program evaluation standards: A guide for evaluators and evaluation users
(3rd ed.). Thousand Oaks, CA: Sage
日本語訳　札野寛子

Utility Standards　有用性基準

The utility standards are intended to ensure that an evaluation will serve the information needs of intended users.
有用性基準は、評価活動が評価結果を利用するユーザーの本来知りたいと思う情報ニーズに応えることを保証するものである。

U1　**Evaluator Credibility**　Evaluations should be conducted by qualified people who establish and maintain credibility in the evaluation context.
評価者の信用性　評価は、評価が行われる状況で信用性を確立・維持できる十分な資質を備えた人々によって行われるべきである。

U2　**Attention to Stakeholders**　Evaluations should devote attention to the full range of individuals and groups invested in the program and affected by its evaluation.
利害関係者への留意　評価では、評価対象プログラムに利害関係を持ち、当該評価活動によって影響を受ける個人または集団全体に目を向けるべきである。

U3　**Negotiated Purposes**　Evaluation purposes should be identified and continually negotiated based on the needs of stakeholders.
協議にもとづく評価目的　評価の目的は、利害関係者のニーズに応じて特定され、また継続的に協議されるべきである。

U4　**Explicit Values**　Evaluations should clarify and specify the individual and cultural values underpinning purposes, processes, and judgments.

明確な価値 評価では、評価目的・過程・判断の基盤となる個人的および文化的な価値がどのようなものであるか明確にし、特定するべきである。

U5 **Relevant Information** Evaluation information should serve the identified and emergent needs of stakeholders.
関連性のある情報 評価情報は、利害関係者が特定したニーズ、また新たに出てきたニーズに対応するべきである。

U6 **Meaningful Processes and Products** Evaluations should construct activities, descriptions, and judgments in ways that encourage participants to rediscover, reinterpret, or revise their understandings and behaviors.
意味のある評価過程と成果 評価に関わる人々が、自身の理解や行動を再発見・再解釈もしくは修正するのを促進するように、評価活動を構成・説明・判断すべきである。

U7 **Timely and Appropriate Communicating and Reporting** Evaluations should attend to the continuing information needs of their multiple audiences.
時機を得た適切な意思疎通と報告 評価は評価報告を受ける複数の立場の人々の変化し続ける情報ニーズに応えられるようにするべきである。

U8 **Concern for Consequences and Influence** Evaluations should promote responsible and adaptive use while guarding against unintended negative consequences and misuse.
評価がもたらす結果と影響への関心 評価が意図されない悪影響を与えないように、また誤った利用がされないように注意を払いつつ、責任および適応性のある利用を促進すべきである。

Feasibility Standards　実現可能性基準

The feasibility standards are intended to ensure that an evaluation will be realistic, prudent, diplomatic, and frugal.
実現可能性基準は、評価活動が現実的かつ慎重なものであり、社会的にも適応し、かつ無

駄のないものであることを保証するものである。

F1 **Project Management**　Evaluations should use effective project management strategies.
プロジェクト管理　評価では効果的なプロジェクト管理方略を用いるべきである。

F2 **Practical Procedures**　Evaluation procedures should be practical and responsive to the way the program operates.
実用的な手続き　評価手続きは実用的でプログラムの活動に対応したものであるべきである。

F3 **Contextual Viability**　Evaluations should recognize, monitor, and balance the cultural and political interests and needs of individuals and groups.
状況に即した実行可能性　評価では、複数の個人そして集団の間での、文化的および政治的な関心やニーズを認識・監視・調整すべきである。

F4 **Resource Use**　Evaluations should use resources effectively and efficiently.
資源の利用　評価では資源を有効かつ効率的に用いるべきである。

Propriety Standards　正当性基準

The propriety standards are intended to ensure that an evaluation will be conducted legally, ethically, and with due regard for the welfare of those involved in the evaluation, as well as those affected by its results.
正当性基準は、評価活動が合法的・倫理的であり、評価に関わる人々および評価結果により影響を被る人々の利益を考慮したものとなることを保証するためのものである。

P1 **Responsive and Inclusive Orientation**　Evaluations should be responsive to stakeholders and their communities.
応答的かつ包括的指向　評価は利害関係者およびそのコミュニティの変化や状況に対応すべきである。

P2 **Formal Agreements**　Evaluation agreements should be negotiated to make obligations explicit and take into account the needs, expectations, and cultural contexts of clients and other stakeholders.

評価活動への正式な同意　評価契約書は、評価の責務を明示するために、また評価依頼者やその他の利害関係者のニーズ・期待・文化的な文脈を考慮するために協議して合意を得るべきである。

P3　**Human Rights and Respect**　Evaluations should be designed and conducted to protect human and legal rights and maintain the dignity of participants and other stakeholders.

人権と尊敬　評価は人権および法的権利を擁護し、評価に関わる人々やその他の利害関係者の尊厳を守るように計画および実施されるべきである。

P4　**Clarity and Fairness**　Evaluations should be understandable and fair in addressing stakeholder needs and purposes.

明瞭さと公正さ　利害関係者の評価ニーズや目的に対処するために、評価はわかりやすくかつ公正であるべきである。

P5　**Transparency and Disclosure**　Evaluations should provide complete descriptions of findings, limitations, and conclusions to all stakeholders, unless doing so would violate legal and propriety obligations.

透明性および情報の開示　評価では、法的かつ礼節上の義務に反する場合を除いて、評価の結果や限界および結論の完全な記述をすべての利害関係者に提示すべきである。

P6　**Conflicts of Interests**　Evaluations should openly and honestly identify and address real or perceived conflicts of interests that may compromise the evaluation.

利害の対立　評価活動を妨げるような、実際のあるいは認識される利害の対立について、公然と、かつ誠実に確認し対処すべきである。

P7　**Fiscal Responsibility**　Evaluations should account for all expended resources and comply with sound fiscal procedures and processes.

財務上の責任　評価にかかった経費や資源について説明し、適切な経理上の手順や

手続きに従うべきである。

Accuracy Standards　的確性基準

The accuracy standards are intended to ensure that an evaluation will reveal and convey technically adequate information about the features that determine worth or merit of the program being evaluated.

的確性基準は、対象プログラムの価値や功績を確定する特性について、評価活動が技術的に的確な情報を明示し伝達することを保証するものである。

A1　**Justified Conclusions and Decisions**　Evaluation conclusions and decisions should be explicitly justified in the cultures and contexts where they have consequences.

　　正当な結論と決定　評価の結論およびそれにもとづく意思決定は、評価結果の影響を受ける文化や文脈に照らして、明確に理にかなったものであるべきである。

A2　**Valid Information**　Evaluation information should serve the intended purposes and support valid interpretations.

　　妥当な情報　評価情報は本来の評価目的を満たすものであり、妥当な解釈の根拠となるべきである。

A3　**Reliable Information**　Evaluation procedures should yield sufficiently dependable and consistent information for the intended uses.

　　信頼できる情報　意図された評価利用目的にかなうように、十分に信頼し得る、そして一貫性のある情報をもたらすような評価手続きがとられるべきである。

A4　**Explicit Program and Context Descriptions**　Evaluations should document programs and their contexts with appropriate detail and scope for the evaluation purposes.

　　プログラムとその状況の明確な記述　評価では、評価の目的に応じた詳しさと範囲で、プログラムとその状況を記録すべきである。

A5　**Information Management**　Evaluations should employ systematic information collection, review, verification, and storage methods.

情報の管理　評価では、情報の系統立てられた収集・検討・検証および保管手続きがとられるべきである。

A6　**Sound Designs and Analyses**　Evaluations should employ technically adequate designs and analyses that are appropriate for the evaluation purposes.
合理的な評価手法と分析　評価では、評価目的に合致した技術的に適切な評価手法と分析方法が用いられるべきである。

A7　**Explicit Evaluation Reasoning**　Evaluation reasoning leading from information and analyses to findings, interpretations, conclusions, and judgments should be clearly and completely documented.
明白な評価推論　情報とその分析から得られた結果・解釈およびそれにもとづく結論と判断に至る理由づけは、明確にかつ完璧に記録されるべきである。

A8　**Communication and Reporting**　Evaluation communications should have adequate scope and guard against misconceptions, biases, distortions, and errors.
コミュニケーションと報告　評価におけるコミュニケーションでは、十分な範囲の情報が伝えられ、誤解・偏見・歪曲した解釈や誤りをもたらさないように注意するべきである

Evaluation Accountability Standards　評価説明責任基準

E1　**Evaluation Documentation**　Evaluations should fully document their negotiated purposes and implemented designs, procedures, data, and outcomes.
評価記録の保存　評価では、協議された評価目的や実行された計画と手続き・収集されたデータ・そしてその成果を全面的に記録保存すべきである。

E2　**Internal Metaevaluation**　Evaluators should use these and other applicable standards to examine the accountability of the evaluation design, procedures employed, information collected, and outcomes.
内部でのメタ評価（評価の評価）　評価者は、評価の計画・手続き・収集された情報およびその結果がどのようなものであったかについての説明責任を検証するため

に、この評価基準あるいはその他の適切な基準を利用すべきである。

E3 **External Metaevaluation** Program evaluation sponsors, clients, evaluators, and other stakeholders should encourage the conduct of external metaevaluations using these and other applicable standards.

外部によるメタ評価 プログラム評価の出資者・依頼者・評価担当者・またその他の利害関係者は、この評価基準あるいはその他の適切な基準を用いて外部者によるメタ評価の実践を促すべきである。

http://www.jcsee.org/program-evaluation-standards

資料5-7　留学生アンケート質問内容および結果集計（抜粋）

参加者数33名中、29名より回答
一部を除いて選択式の質問で共通に用いた回答のための選択肢は、以下の5段階尺度である。

 5　最も肯定的／強く賛成／たくさん
 4
 3　中立／中程度
 2
 1　最も否定的／強く反対／なし

5段階尺度の質問については、全体平均、クラス1（7名）での平均、クラス2（10名）での平均、クラス3（12名）に分けて示す

全体評価

	全体平均	クラス1平均	クラス2平均	クラス3平均
1-1. KIT-IJST 2001に満足していますか。	4.4	4.7	4.4	4.3
1-2. このプログラム中で、日本語のスキルは向上したと思いますか。	4.6	4.7	4.3	4.7
1-3. プログラム後に日本社会・文化・人々への理解は深まりましたか。	4.1	4.3	4.1	4.1
1-4. このプログラムで、日本社会・文化・人々への関心は高まりましたか。	4.2	4.6	3.7	4.3

授業

〈日本語コミュニケーションII〉 クラス名：[　]Section1　[　]Section2				
授業の学習目標…（省略）				
2-1. この言語科目の単位は必要ですか。 　　　Yes—No	yes=8 no=21	yes=2 no=5	yes=4 no=6	yes=2 no=10
2-2. 日本語の能力を高めるために、この授業で取り上げた内容は適切でしたか。 5 難しすぎ　4 難しい　3 ちょうどよい 2 易しい　1 易しすぎる	2.9	2.9	2.6	3.1

2-3. 授業での負荷はどのくらいでしたか。 5 大変重い　4 少々重い　3 ちょうどよい 2 少々軽い　1 とても軽い	3.4	2.6	3.8	3.5
2-4. 教材（教科書、ハンドアウトなど）や教室活動は役に立ちましたか。 教科書／ハンドアウト：　5 4 3 2 1 教室活動：　　　　　　　5 4 3 2 1 宿題：　　　　　　　　　5 4 3 2 1	4.0 4.1 3.4	4.0 3.9 3.0	3.7 4.0 3.6	4.2 4.4 3.5
2-5. 授業進度は適切でしたか。 　　　Yes—No	yes=26 no=2	yes=6 no=1 無回答=1	yes=10 no=0	yes=10 no=1 無回答=1
2-6. 会話パートナーとの時間は、日本語練習の役に立ちましたか。	3.1	n/a	3.8	4.5 無回答=1
2-7. 担当教員は、理解を深めるために適切な援助をしましたか。 　　　Yes—No	yes=28 no=0 無回答=1	yes=7 no=0	yes=10 no=0	yes=11 no=0 無回答=1
2-8. 全般的に、担当教員の指導方法は効果的でしたか。	4.7 無回答=1	4.7	4.7	4.6 無回答=1

2-9. この授業を改善するために何か提案はありますか。コメントしてください。

学生2　日本語クラスのレベルをもっと分けてほしい。日本語をあまり勉強してきていない人のためのクラスを作ってはどうか。

学生4　良かった。唯一の点は、授業でカバーしたことは自分は既に学習済みだった点だ。

学生5　もっと会話がしたい。比較級も勉強したかった。

学生6　コースはよく計画されていた。改善する点は特になし。

学生9　宿題を少なく。日本語授業数を多く、文化のクラス数を少なく。

学生10　日常で使える作業を多く。宿題を少なく。

学生11　文化のクラスを短く。3時間は長すぎる。

学生12　サマーコースは短すぎる。6週間で日本語を本当に上達させるのは難しい。

学生13　授業内でもっと話す練習がしたい。宿題を少なく。

学生14　コースはよく計画されていて、有益だった。個人的には宿題ワークシートより自由に書けるエッセイの方が楽しめたし、漢字の上達にも役立った。会話パートナーとの会話の時間が最も有益だった。もっと授業に取り入れてもらいたい。

学生15　宿題を少なく、あるいはクラス内でさせてもらいたい。

学生16　クラス内の学生の日本語能力レベルをもうちょっと把握してほしい。

学生19　既習の項目はさっと復習する程度にして、もっと上のレベルのことも学びたい。

学生20	ハンドアウトを少なく。紙が多すぎる。
学生21	もっと実践的な会話、例えば決まり文句や会話の応用を中心に授業をしたい。
学生22	宿題が本で学んだこととけっこう違った。
学生23	このコースを取ったことは非常にいい経験だ。改善する点はなし。
学生25,27	もっと会話パートナーを増やしてほしい。
学生26	クラスは良かった。ただ、ひとつのクラスでカバーしようとする技術が非常にひろかった。
学生29	会話をもっと練習したい。宿題を授業で確認する時間を少なく。

資料 5–10–1　会話パートナー　FG 結果（抜粋）

会話パートナー / プロジェクトパートナー FG 質問

質問
1. 今回のアルバイトは、留学生と交流するためのきっかけとなりましたか。
2. 積極的に交流できましたか。
3. 国際交流への興味・関心は高まりましたか。
4. 自信がつきましたか。
5. 不満なことや、今度はこうしたらという提案がありますか。
6. このアルバイトをやってよかったと思いますか。

FG 参加者　会話 P=10 名中 5 名

1. 今回のアルバイトは、留学生と交流するためのきっかけとなりましたか。

コード間の関連図　注記：　☐ はコードワード　矢印は（原因 / 理由 ━▶ 結果）の関係を表す

```
交流のきっかけ
├─ 交流のきっかけになった ◀── SGE
│                           └─ 友達の影響
│                      
│                      アルバイトのメリット
│                      ├─ 作業しながらの会話
│                      ├─ 積極的な態度
│                      └─ 同年代との交流
│
└─ きっかけにならなかった ◀── 交流の支障
                              ├─ 時間の制約
                              └─ 言葉のバリア
```

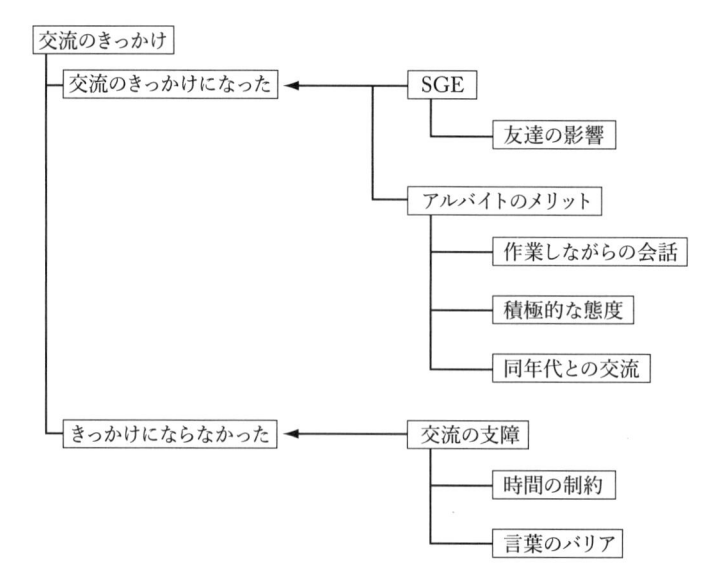

質問1に対する回答概要　会話Pが留学生との交流のきっかけになった学生とならなかった学生の二つに分かれている。一部の学生は、国際交流サークルSGEのメンバーでもあったので、会話Pをする以前から留学生と交流があった。また、もう一人の学生は、SGEのメンバーである友人を介して、すでに留学生と交流を始めていた。しかし、SGEではない学生の方は、日本人側、留学生側双方が忙しかったため、日本語の授業での接触に留まった。また、自分が英語に自信を持てないために、留学生どうしが英語で話している中に入っていくことができず、ますます交流のきっかけを失っていた。しかし、授業外で交流できなかった学生の方も含めて、会話Pを務めた学生にとっては、作業しながら会話を進めていける設定であったことと、アルバイトとしていつもより積極的に話をしようという態度が求められていたこと、さらに相手が同年代であったため話しやすかったことがあって、会話Pの役割は、留学生との交流を図るのにメリットがあった。

注記：　□ はコードワード　各コメントの最初の数字は発話番号
　　　（会#）は発言者番号　コメント内の（Q.）はFGの司会者の発言
　　　〈　〉は分析者による追加表現　矢印は（原因／理由→結果）の関係を表す

1. 今回のアルバイトは、留学生と交流するためのきっかけとなりましたか。

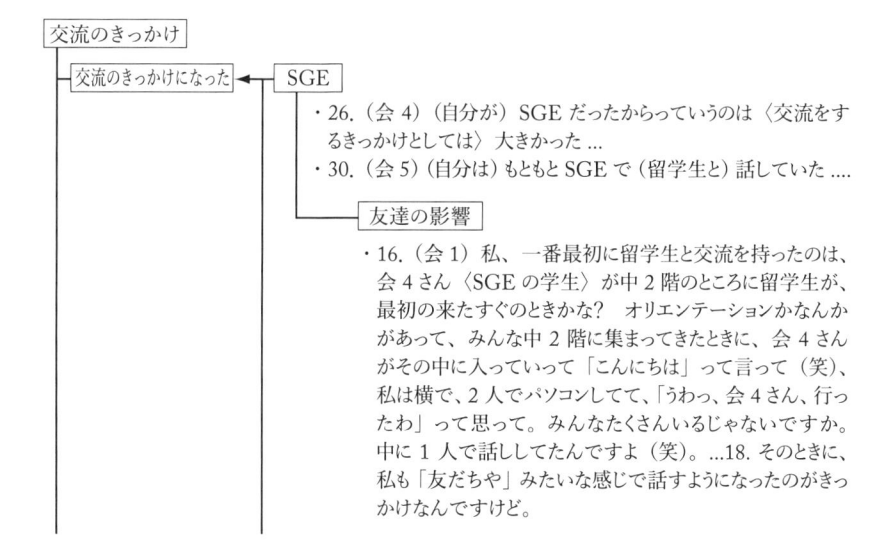

```
交流のきっかけ
 └─ 交流のきっかけになった ← SGE
        ・26.（会4）（自分が）SGEだったからっていうのは〈交流をするきっかけとしては〉大きかった…
        ・30.（会5）（自分は）もともとSGEで（留学生と）話していた….
              友達の影響
              ・16.（会1）私、一番最初に留学生と交流を持ったのは、会4さん〈SGEの学生〉が中2階のところに留学生が、最初の来たすぐのときかな？　オリエンテーションかなんかがあって、みんな中2階に集まってきたときに、会4さんがその中に入っていって「こんにちは」って言って（笑）、私は横で、2人でパソコンしてて、「うわっ、会4さん、行ったわ」って思って。みんなたくさんいるじゃないですか。中に1人で話してたんですよ（笑）。…18. そのときに、私も「友だちや」みたいな感じで話すようになったのがきっかけなんですけど。
```

- アルバイトのメリット
  - ・30.（会5）もともとSGEで話してたけど、その中でやっぱり話す人って限定されてたんですよ、大体。でも、会話パートナーでほかの人とも話す機会が増えて、「あ、こういう人もいるんだ」みたいな感じで。会話パートナーで話す内容も普通にSGEとしてみんなと話す内容と違ったんで、すごいよかったと思います。...
  - 32.（会5）学校生活とかそういう話は、普通に、日常生活の中で留学生と話してなかったんで、違う話ができてよかったなと思います。

- 作業しながらの会話
  - ・2.（会2）私が一番いいと思ったのは、例えばほんとに会話だけで、何々について話し合うとかそういうのだけやったら、絶対楽しくもなかったと思うけど、例えば七夕作ったりとか料理作ったりとか、私らのところは、ロングウィークエンドの予定、プランを留学生たちが発表して、そのあとに私たちが「こういうところいいですよ」みたいな、そういう話し合いをしたんですね。だから、パソコン使ったりとか、折り紙使ったりとか、そういうような物があったから、話が広がっていった。ただ話をしとるだけでは全然つまらんかったけど、作業をしとったから、それがよかったと思う。

- 積極的な態度
  - ・44.（会5）やっぱり日本人だから自分が話してあげた方が話が続くかなあと思って、自分から質問をいっぱいしてたとは思います。...46. やっぱり沈黙になるのは嫌だから、沈黙になりそうな感じだったら、自分から普通に「なんか話そう、なんか話そう」みたいな感じで話してました。
  - ・55.（会1）やっぱり積極的だったと思います。でも、それがどういう感じなのかっていうのはわかんないけど、その1時間1時間、よく話したなって思いがずっとあったから。

- 同年代との交流
  - ・175.（会3）よかったです。それはやっぱり、自分らの、例えば日本の学校のシステムだったら、アメリカ人とか、話す機会が、どうしても学校の先生だったり、授業の中での形式上の会話みたいなのしかないじゃないですか。でもやっぱ同年代だと気さくにしゃべれるし、そういう面で自分の中で、もしかしたら今後ずっとアメリカ人とかと話す機会とかってないかもしれないから、そういう経験、絶対できんと思うし、しかも同年代の普通に気楽に話せる、そういうのはやっぱしたいと思って、この会話パートナーに参加させてもらったので。そういう部分では、もう十分満足はできてますけど。

```
┌─きっかけにならなかった─←─┬交流の支障
                          │
                          ├─┤時間の制約│
                          │  ・（Q．交流のきっかけになったか?）10.（会2）それは全然
                          │    ないですね。授業以外では 1、2 回食堂で会ったときには
                          │    一緒に食事をしたことはありますけど、それ以外は全くない
                          │    です。（Q．何が理由で?）…12.（会2）いろいろ私も授
                          │    業があったので。夏季集中講義取ってて、いろいろ授業
                          │    があったりして、それで時間が取れなかったっていうのもあり
                          │    ますし、彼らは結構グループ活動していて、グループで結
                          │    構動いているのが目立って、こっちが時間取れなかったとい
                          │    うのもあるけど、彼らがあまり必要としてないような感じがあっ
                          │    たので、それだったらべつにいいかなと思って。あまり交流
                          │    できなかったです。
                          │
                          └─┤言葉のバリア│
                             ・100（会3）…. 留学生どうしがしゃべってるときは英語を結
                               構しゃべってて、聞こうと思ってもよくわからんし、はっきり言っ
                               てわからんって、自分の場合はそういうときにべつにそんな
                               無理に入っていこうとせんくてっていうか、「速くてわからん
                               から日本語でしゃべって」とか、そういうふうに、自分の場合は、
                               本当、英語全然わからんし、「日本語で頼むわ」みたいな
                               感じで。
```

資料 5–11　日本人学生アンケートおよび FG 結果報告（抜粋、KIT-IJST 2002 報告書に掲載）

I　評価の目的

　今回のプログラム評価課題のうち、以下の点について情報を得るために、会話パートナーまたはプロジェクトパートナーとして協力してくれたアルバイトの学生、および国際交流を活動目的とする学生サークル SGE（Students for Global Exchange）に対して、記述式アンケートとフォーカス・グループと呼ばれるグループインタビュー（以下 FG と省略）を実施した。

　1）プログラム目標の達成
　1–1.　留学生の基礎的な科学技術日本語学習を含む日本語能力は向上したか
　1–2.　留学生の日本社会や文化についての理解は深まったか
　1–3.　協力してくれた本学学生の国際交流への意欲は以前より高まったか
　2）参加者の満足度
　2–2.　協力してくれた本学学生はプログラムで得られた成果にどの程度満足しているか
　3）プログラム内容および運営の適切さ
　3–1.　各授業内容および実施方法は適切であったか

II　日本人学生プロフィール
（1）各学生グループの特性

　会話パートナーとは、日本語の授業に 5 回ほど参加して、留学生とディスカッションや作業をする役割をする日本人学生である。一方、プロジェクトパートナーは、「科学技術日本語」授業で実施するプロジェクト（今回は、ペットボトルを使った車作成）を留学生 1 名とペアになって行う役割を担う学生である。これらのパートナーは、どちらもアルバイトという形で、学内掲示を通じて応募者を募った。参加者には、全授業時間に参加できることと、授業中は日本語を優先して話すことが義務として課されていた。特に高い英語能力を持つことはもとめていなかった。

　SGE（Students for Global Exchange）とは、国際交流活動を行う学生サークルである。プログラムでは、希望者 15 名程度を一泊二日の学外フィールドトリップに同行させたり、ウェルカムパーティーおよびフェアウェルパーティーの企画・運営をまかせている。サークル独自の活動としては、プログラム期間中、小さなグループに分かれて、留学生を市内

観光に案内するフィールとトリップを実施している。そのほか、放課後や週末など、学生宿舎に出入りして、個人単位で留学生と接触することが多い学生グループである。

III 日本人学生による評価
(1) アンケート評価
〈アンケートの構成・実施および分析〉

続いて本節では、プログラム全体の成果を評価する活動の一環として各パートナーとSGE を対象に実施したアンケートによる評価の結果について報告する。

アンケートは、以下のような評価課題にそれぞれに対応する形で構成されている。

表10 評価課題に照らし合わせたアンケートの構成

評価課題	アンケートの質問
1-1. 留学生の基礎的な科学技術日本語学習を含む日本語能力は向上したか	パート1 留学生の日本語上達度、日本理解度、実施方法の適切さ
1-2. 留学生の日本社会や文化についての理解は深まったか	
3-1. 各授業内容および実施方法は適切であったか	
1-3. 協力してくれた本学学生の国際交流への意欲は以前より高まったか	パート2 留学生との積極的な交流、国際交流への自信・興味・関心
2-2. 協力してくれた本学学生はプログラムで得られた成果にどの程度満足しているか	パート3 今回の体験での感想・満足あるいは不満な点

今回のアンケート評価は、アルバイトの学生グループでは、それぞれ「会話パートナー」あるいは「プロジェクトパートナー」という表記が異なるものの、その他は共通の質問項目から成り、選択式と自由記述式の両回答形式が用いられている。また、SGE に対するアンケートも、「パート1 (4) 会話/プロジェクトパートナーとの授業の方法や回数・時期などについて、何かご意見・ご感想があればどうぞ。」という質問以外は、一部の質問での表現が異なるもの、ほぼ同様の構成である。

(2) フォーカス・グループ
〈フォーカス・グループの実施および分析〉

前節のアンケートデータに並行して、アルバイト体験学生とSGE メンバーの生の声を聞くために、フォーカス・グループ（以後FGと省略）と呼ばれる小グループでのインタビューも実施した。

アルバイト学生に対するFGは、プロジェクト授業が終わった翌日で、フェアウェル

パーティー（7/13）開始前の午前中に、都合がついた学生だけを集めて実施した。参加者およびグループ構成は、会話Pのグループひとつ（10名中5名が参加）とプロジェクトPで2グループ（第1グループは33名中の6名、第2グループは7名）であった。プロジェクトのグループは、二つのインタビュースケジュールを提示して、都合の良い時間を選んでもらう形にしたため、参加者を特性別に分けたわけではない。SGEに対するFGは、プログラム終了直後の7/17に実施し、18名のメンバーのうちの7名が参加した。

どのグループもインタビュー時間はおよそ60分であった。司会および進行役は、筆者が務めた。

会話P、プロジェクトPともに同じ質問を取り上げた。SGEへの質問は、一部表現が異なるが、基本的な質問意図はアルバイトのものと同様であった。FGでの質問内容は、今回の評価課題およびアンケートの質問構成と照らし合わせると表14のようになる。FGの実施時間の制限上、アンケートのパート1に対応する質問はしなかった。

表14　評価課題に照らし合わせたアルバイト／SGEへのFG質問

評価課題	アルバイト学生への質問	SGEへの質問	参考
1-3. 協力してくれた学生は国際交流への意欲は以前よりたかまったか	1. 今回のアルバイトは、留学生と交流するためのきっかけとなりましたか。 2. 積極的に交流できましたか。 3. 国際交流への興味・関心は高まりましたか。 4. 自信がつきましたか。	1. SGEのメンバーであるということは、留学生と交流するためのきっかけとなりましたか。 2. 積極的に交流できましたか。 3. 国際交流への興味・関心は高まりましたか。 4. 自信がつきましたか。	アンケートのパート2に対応
2-2. 協力してくれた学生はプログラムで得られた成果にどの程度満足しているか	5. 不満なことや、今度はこうしたらという提案がありますか。 6. このアルバイトをやってよかったと思いますか。	5. 不満なことや、今度はこうしたらという提案がありますか。 6. SGEに入ってよかったと思いますか。	アンケートのパート3に対応

このようにして得られたFGデータは、次の手順で分析を行った。

1. 各インタビューの書き起こし原稿をもとに、質的データ分析支援ソフト「野帳」を用いて回答を発言内容ごとにカード化し、その内容に関連するコードを付す。
2. 同じコードを付けたカードを集める。
3. 上記の質問ひとつひとつに対し、関連するコードとそのカードを分類する。この際、内容に応じて同じコードを複数の質問にも用いることもあった。
4. 各質問で、集まったコードとそのカードの回答を読み直し、コード間の関連を考える。

5. コードの関連を図示する。
6. 各コードの証拠となる回答例をインタビューデータよりコピーする。必要なら、この際コード間の関連を再検討する。
7. できあがった関連図と回答例を見て、各質問ごとの回答概要をまとめる。

IV　総括
　評価課題ごとに、今回のアンケートと FG で得られた情報を統合して、結果をまとめると次のようになる

評価課題　1-1.　留学生の基礎的な科学技術日本語学習を含む日本語能力は向上したか
　　　　　1-2.　留学生の日本社会や文化についての理解は深まったか
　　　　　3-1.　各授業内容および実施方法は適切であったか

アンケートパート1総評：　日本人 P を利用した授業形式や日本人学生サークルがプログラムに参加することは、協力した日本人学生の側から見て、留学生の日本語能力向上に効果的であり、今回の留学生の日本語能力も向上したと考える。しかし日本文化や社会の理解度の向上については、その種の会話をしなかったため判断が難しい。実施方法については、会話 P はもう少し時間を長くすることが望ましい。プロジェクトについては、回数、時間を増やしてほしいという声と現状でちょうどよいという声に分かれている。

FG：（関連する質問なし）

結論：今回パートナーを務めた日本人学生や SGE メンバーは、アルバイトやサークル活動で日本人学生がプログラムに参加することは、留学生の日本語能力を高めるために効果的であり、今回の留学生の日本語能力は向上したと見ている。しかし、日本社会や文化についての理解の変化は、判断ができない。授業の内容や実施方法については、どちらのアルバイトも特に時間や回数を見直す必要がある。

評価課題　1-3.　協力してくれた本学学生の国際交流への意欲は以前より高まったか

アンケートパート2総評：今回の学生たちは、SGE の学生たちのほとんどはかなり積極的に交流できたが、アルバイトの学生は、このアルバイトを交流の機会として積極的に留学生と交流できた学生とできなかった学生に分かれている。交流しようとする積極性においては、どのグループも際だって積極的とはいえない。アルバイトの学生グループでは、授業時間での接触時間が長いプロジェクト P の方が会話 P よりやや積極的に交流できた。交流を妨げる第一の要因は言葉の壁で、日本人、留学

生双方の時間が制約されていたことが次に続く。それでも今回の体験を通して、より一層外国人と交流したいという意欲は高まり、自信も得られたようである。特に、プロジェクトPには、言葉の壁が妨げであると言う一方で、実際には言葉が通じなくても意思疎通が図れるものだという認識に達した学生もいる。さらに今回の体験は、本学学生にとって、外国人や国際交流そのもののイメージを新たにしたり、留学生のがんばる姿に啓発されて現在の自分のあり方を振返ったりするなど、影響を与えていたことがわかる。総じて、今回のアルバイトの機会は、言葉の壁や時間の制約などが支障となり、一部の学生には交流の機会として有効に活用されなかったが、関わった学生達の国際交流への意欲を高める役割は果たしたと考えられる。

FG1-3. 総評：今回のアルバイトとSGEのIJSTでの活動はどちらも留学生と交流を始めるきっかけとして機能している。ただしアルバイト学生については、積極的に交流ができたかどうかという点で、できた学生、できなかった学生に分かれる。積極的に交流できた背景には、日本人学生の積極的な交流をしたいという意図、留学生の日本語知識、同年代という共通点などが助けとなっている。それに対して、交流の一番の支障は言語のバリア、特に日本人学生が英語に自信を持てないことである。今回は、相手が日本語を理解できたために交流が進んだが、日本語がわからない人々とも交流をするためには、英語をもっと習得する必要がある。その点で、まだ交流への自信はない。しかし支障があったとはいえ、異なる文化への理解を深め、ほとんどの学生が海外へ出かけてみたい、外国人と交流したいと望んでおり、国際交流への興味・関心は高まったと言える。

結論：今回のアルバイトやSGEの活動は、留学生と交流を始めるきっかけとして機能し、関わった学生達の国際交流への意欲を高める役割は果たしたと考えられる。しかし、アルバイト学生については、積極的に交流ができた学生とできなかった学生の両方がいる。積極的な交流には、日本人学生側の積極的な交流意図、留学生の日本語知識、同年代という共通点が助けとなった。それに対し、言語能力、特に日本人学生が英語能力に自信を持てないことが第一の支障となっている。時間が制約されていたことも第二の妨げであった。今回の体験で、日本人学生たちは、必ずしも言葉が通じなくても意志疎通が図れるということを認識する一方で、今回は相手が日本語を理解できたことが積極的な交流を助けていると感じ、自らの英語能力に自信が持てないため、誰とでもうまく交流ができるほどの自信はまだ得ていない。それでも、留学生との交流を通して、異なる文化への理解を深め、自分のあり方を振り返り、新たに取り組むべきことを見いだしたりしている。このような

影響を受けて、ますます海外へ出かけてみたい、外国人と交流したいという意欲を高めている。そのためのコミュニケーションの道具として、今後もっと英語の習得が必要であると痛感している。

評価課題 2-2. 協力してくれた本学学生はプログラムで得られた成果にどの程度満足しているか

アンケートパート3総評：今回の体験での満足度として、3つのグループを合わせた平均で85％程度（会話P平均=84.3％、プロP平均=87.4％、SGE平均=78.3％）の値を得た。感想面でも、留学生と交流ができたことに対して、プラスのイメージを持っている学生が多い。しかし、プロジェクトPではパートナーとコミュニケーションがうまくいかなかった学生はプロジェクト活動は大変だったようである。今回の体験では、どのグループの学生も、最初は英会話の練習や異文化を理解することなどを期待していたが、これらの目的はあまり果たせていない。他にアルバイトの2グループでは、日本人側が積極的に交流したいという意欲があっても、留学生の方が学習活動などに興味を示さず、日本人学生の意気込みに応えていなかったことが期待はずれ、不満なことである。また、プロジェクト授業のテーマや実施方法には改善が必要である旨の指摘があった。会話Pの活用方法についてもさまざまな提案が寄せられた。今回の体験を踏まえて、これらの学生達は、プログラムの実施の時期の見直し、アルバイト学生募集の方法、宿舎での利用制限などについて検討することを要望しつつ、本学で留学生と交流できるこのような機会がもっとあってほしいと希望している。

FG2-2総評：学生たちは、同年代の留学生と交流できたこと自体が楽しかった、そのような機会を持てたことが良かったと考えている。この機会を通して、留学生の考え方、生き方に触れ、海外への興味・関心を高めている。さらに、英語のみならず日本語や日本のことなど学ぶべきことがあることも認識した。アルバイトの学生たちは、国際交流に興味のある友達に、このアルバイトを勧めたいとも考えている。

　　アルバイトの学生たちからは授業方法やアルバイトの募集方法、プロジェクトのペアの設定など、具体的な実施の方法については、不満があり、それらの解決策としていくつかの提案がなされた。SGEからも、宿舎ラウンジの消灯時間について不満が聞かれた。その他、交流をさらに深めるための提案が出された。

　　したがって、今回のプログラムでの体験について、具体的な実施方法については不満があるが、留学生と交流する機会を通して得られた成果には満足していると

考えられる。ただし、今回のFGでは、アルバイトの学生がどの程度満足できたかは特定できていない。一方、SGEメンバーは、このプログラムでの活動に限れば、100%満足している。

結論：今回のプログラムでの体験について、具体的な授業実施方法や宿舎などの設備および管理運営面については不満があるが、日本人学生たちは留学生と交流する機会を通して得られた成果には、平均85％程度（会話P平均=84.3%、プロP平均=87.4%、SGE平均=78.3%）満足している。

　日本人学生たちは、当初、英会話の練習や異文化理解ができることを期待して、このアルバイトに応募したり、SGEに加入した学生が多かったが、これらの目的はあまり達成できなかった。それよりも日本人学生たちは、今回同年代の友達として留学生と交流する機会を持ったこと自体が楽しく有意義であったと考えている。その結果、海外への興味・関心が高まり、今後英語や日本語、日本に関することなどを学ぶ必要を認識することができた。

　今後満足度を高めるためには、アルバイトの募集方法、授業の実施方法、宿舎の設備管理などの面に関する不満を解決することと、今回のような形で留学生と交流できる機会をもっと設定することが必要である。

索引

A
ACTFL-OPI ガイドライン　166
Alkin　16

B
Beretta　56
Brown　15, 23

C
can-do statements　41
CEFR　166
CIPP モデル　15
CSE モデル　16

F
Fetterman　27

G
Guba & Lincoln　14

J
The Jet-In Jet-Out Expert 評価　61
JF 日本語教育スタンダード　166

K
Keating　56
Key Evaluation Checklist　17

N
National Standards　167

O
Owens　20

P
The Program Evaluation Standards　43, 52, 132, 150

R
Rea-Dickins & Germaine　23, 72
REST プログラム　65
Rossi　6, 22, 30

S
SCAT　162
Scherer & Wertheimer　56
Scriven　6, 12, 17
Smith　57
Stake　13, 14
Stufflebeam　15

T
Tyler　11

あ
アウトカムズ　9, 29, 31
アウトプット　9, 29
アクション・リサーチ　46

え
エグゼクティブ・サマリー　131
エンパワーメント評価　27, 46

お
大谷尚　162

か
階層構造　33
過程および成果の評価（process-outcomes evaluations）　47

き
基準（standards）　41, 107, 148, 166
業務監査（performance audit）　47
共用法（mixed method）　40

け
形成的評価（formative

evaluation) 25
決定促進アプローチ（decision-facilitation approach) 15

こ

効果の大きさ分析（effect size analysis) 69
コロラド・プロジェクト 56
コンピュータ・コーディングソフト 163

さ

再現性（reproducibility) 42

し

自己評価票 112, 144
支出に見合った価値（Value for Money＝VFM) 24
システム分析（systems analysis) 47
自然主義評価（naturalistic evaluation) 14
実相評価（countenance evaluation) 13
社会的な使命 2, 171, 172
尺度（criteria) 40, 107, 148, 166
12ステップ 53, 88, 142
新12ステップ 48, 161
信用性（credibility) 42, 151
信頼性（reliability) 42

せ

説明責任（accountability) 7, 23, 157, 172

そ

総括的評価（summative evaluation) 25

た

対応評価（responsive evaluation) 14, 46
妥当性（validity) 42

て

提唱者―敵対者評価（advocate-adversary evaluation) 20

と

トライアンギュレーション（triangulation) 40, 147, 162

は

8年研究（Eight-Year Study) 11

ひ

評価課題 146
評価基準（standards) 41
評価実施可能性の査定（evaluatability assessment) 25
評価デザイン 34

標準変化量分析（standardized change-score analysis) 69
費用対効果分析（cost-effectiveness analysis) 37
費用便益分析（cost-benefit analysis) 37

ふ

フォーカス・グループ（FG) 36, 118, 143, 164
プログラム理論（program theory) 45
プログラム論理（program logic) 45

へ

ベスト・プラクティス（best practice) 37
ペンシルバニア・プロジェクト 57
ベンチマーキング（benchmarking) 37

ま

マトリクス 97, 143, 161
満足度評価 144

む

無目標評価（goal-free evaluation) 12, 47

も

目標が達成できたかの評

価（objectives-based evaluation） 47
ものさし 166

よ

ヨーロッパ言語共通参照枠（CEFR） 166

る

ルーブリック（rubric） 161

[著者] **札野寛子**（ふだの・ひろこ）

略歴
1981年、国際基督教大学教養学部語学科（日本語専攻）卒業。1984年、East Texas State University 大学院文学・言語研究科修士課程（英語専攻）修了。1985年、国際基督教大学大学院教育学研究科博士前期課程（視聴覚教育専攻）修了。2005年、名古屋大学大学院国際言語文化研究科博士後期課程（日本語教育専攻）修了、博士（学術）。
金沢工業大学基礎教育課程講師を経て、現在金沢工業大学基礎教育部教授。

主要著作・論文
『科学技術基礎日本語：留学生・技術研修生のための使える日本語』（共著、金沢工業大学出版局、2005）、『科学技術基礎日本語：留学生・技術研修生のための使える日本語　読解編』（共著、金沢工業大学出版局、2000）。

メールアドレス　hfudano@neptune.kanazawa-it.ac.jp

シリーズ言語学と言語教育
【第24巻】
日本語教育のためのプログラム評価

発行	2011年5月18日　初版1刷

定価	6600円＋税
著者	©札野寛子
発行者	松本功
装丁者	吉岡透 (ae)／明田結希 (okaka design)
組版者	内山彰議 (4&4, 2)
印刷製本所	株式会社 シナノ
発行所	株式会社 ひつじ書房 〒112-0011　東京都文京区千石2-1-2 大和ビル 2F Tel 03-5319-4916　Fax 03-5319-4917 郵便振替　00120-8-142852 toiawase@hituzi.co.jp http://www.hituzi.co.jp

造本には充分注意しておりますが、落丁・乱丁などがございましたら、小社かお買上げ書店にておとりかえいたします。
ご意見、ご感想など、小社までお寄せ下されば幸いです。

ISBN978-4-89476-558-0　C3080
Printed in Japan

大学の授業をデザインする
日本語表現能力を育む授業のアイデア
大島弥生・大場理恵子・岩田夏穂編　定価 3,800 円 + 税

大学で行われる日本語技能を養成する授業に向け、本書では、ことばの学習をキャリア教育などの多様な目的と結びつける統合的アプローチにもとづいた授業デザインを提案する。

プロフィシェンシーと日本語教育
鎌田修・山内博之・堤良一編　定価 5,600 円 + 税

語学における「堪能度」「熟達度」「実力」などと訳されるプロフィシェンシーが会話、談話（ポライトネス）、読解、作文、言語活動、教室活動、言語研究、第二言語の習得研究、日本語教員養成、さらに、多文化共生という広範なテーマにおいて、どのような意味を持ち、また、教育・研究においてどのように実践されるかを、第一線で活躍するそれぞれの方面の専門家が熱く論じた意欲作。

ピア・ラーニング入門　創造的な学びのデザインのために
池田玲子・舘岡洋子著　定価 2,400 円 + 税

ピア・ラーニングとは「協働」の理念に基づく学習法である。本書では、まず、理論編として、地域や学校など様々な分野における協働の形を紹介したうえで、日本語教育における協働のありかたをさぐる。実践編として、ピア・レスポンスおよびピア・リーディングの具体的な学習活動の例について紹介、解説し、その意義について検討する。

公開講座 多文化共生論
米勢治子・ハヤシザキカズヒコ・松岡真理恵編　定価 2,800 円＋税

外国人集住地域浜松にて開催された講演に基づき、現代社会の新たなテーマ「多文化共生」について、多様な分野（日本語教育・法律・社会学など）の基礎を外観。

言語政策を問う！
田尻英三・大津由紀雄編　定価 2,000 円＋税

外国人受け入れにおける日本語習得、小学校の英語教育、PISA 型読解力と国語力との関連等々、日本の将来に関わる重要な言語政策上の問題が噴出している。このような時こそ研究者として発言すべきだという編者の呼びかけのもとに 1 冊の本ができた。これは、言語政策・言語教育政策の世界における異種格闘技戦のベストマッチと言えるものだ。研究領域を超えた執筆者の熱い提言を読んでほしい。
（執筆者：大津由紀雄、西原鈴子、田尻英三、ましこ・ひでのり、安田敏朗、山田泉、甲斐雄一郎、吉田研作、安里和晃）

マルチリンガル教育への招待
言語資源としての外国人・日本人年少者　中島和子編著
定価 3,200 円＋税

将来のマルチリンガルな日本の可能性を踏まえて、年少者の言語教育、特にマイノリティー言語を母語とする外国人児童生徒の日本語教育、母語・継承語教育がどうあるべきか、カナダ、アメリカ、日本の実践例を踏まえて書き下ろしたもの。生活言語・学習言語の評価に関する情報も含む。

シリーズ言語学と言語教育　23
学習者オートノミー　日本語教育と外国語教育の未来のために
青木直子・中田賀之編　定価 4,800 円＋税

時代の変化に対応した新しい形の言語学習を可能にするものとして、外国語教育や日本語教育の関係者の間で、学習者オートノミーへの関心が高まっている。本書は、学習者オートノミーの研究と実践のエッセンスを紹介することを目的として編まれた論文集で、アンリ・オレック、デビッド・リトル、フィル・ベンソンら学習者オートノミー研究の第一人者が執筆者に名を連ねている。学習者オートノミーに関して日本語で読める初めての本格的な書。

自然な日本語を教えるために　認知言語学をふまえて
池上嘉彦・守屋三千代編著　定価 2,500 円＋税

日本語学習者に日本語を教える際、学習者の理解を深めるにはどう説明すればよいか、自然な日本語とは何かを、認知言語学を踏まえ、具体例とともに考える。

あいまいなのは日本語か、英語か？　日英語発想の違い
今井邦彦著　定価 1,680 円＋税

「英語圏の人の言うことは論理的で明白だが、日本人の発話は曖昧で不明瞭なことが多い」という迷信とは逆に、英語の発話は、日本語の発話にくらべて、「あいまいさ」を残す傾向があることを主張。この新説を、著者の豊富な実例から説得的に展開し、英語らしい英語を話すためのコツを伝える。